Dr. Claudia Hammann

Stimme

Mehr Ausdruck und Persönlichkeit

Privaten und beruflichen Erfolg steigern

- Die optimale Stimmlage finden
- Klang und Ausdruckskraft verbessern
- Tips und Tricks für den »Stimmalltag«

GU GRÄFE UND UNZER

Inhalt

PRAXIS

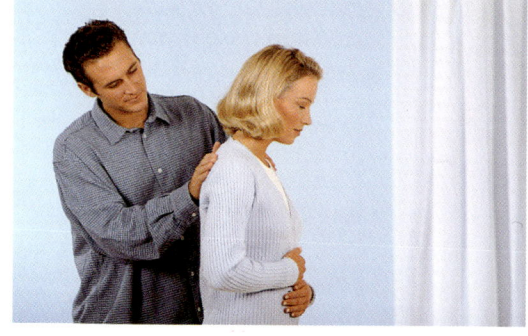

Wichtiger Hinweis

Dieses Buch wendet sich an Menschen, die unter Beeinträchtigungen der Stimme leiden oder die solchen Beeinträchtigungen vorbeugen wollen. Jeder Leser ist aufgefordert, in eigener Verantwortung zu entscheiden, ob und inwieweit er die im Rahmen dieses Stimmtrainings angebotenen Übungen für sich nutzen kann. Wer sich dessen nicht sicher ist, muß seinen Arzt um Rat fragen. Bitte beachten Sie die Hinweise im Text, die Sie auf die Notwendigkeit einer ärztlichen Untersuchung/Behandlung aufmerksam machen, vor allem die Ausführungen auf den Seiten 17 bis 21 »Krankheitsbilder der Stimme«, in denen die Grenzen der Selbstbehandlung dargestellt sind.

Ein Wort zuvor

Wer kennt es nicht, das Erleben, daß es einem in einer besonders schwierigen, aber auch freudigen Situation die Stimme verschlägt? Prüfung oder Heiratsantrag, Stimme und Stimmung gehören zusammen. Die Stimmgebung ist Spiegel des seelischen Befindens, Ausdruck der Persönlichkeit eines Menschen.

Unbewußt schätzen wir unsere Mitmenschen nach ihrer Stimme ein, bilden uns manchmal in Sekunden ein Urteil, indirekt vermitteln wir einen Zugang zu uns selbst. In besonderem Maße gilt dies für alle, die mit und von der Stimme leben, aber auch für jene, die stimmlich einen positiven Eindruck hinterlassen wollen.

Die Fähigkeit des einzelnen, mit der eigenen Stimme oder Stimmgebung umzugehen, ist dabei unterschiedlich. Doch vieles im Umgang mit der eigenen Stimme läßt sich lernen. Hier setzt die Verfasserin des vorliegenden Buches an.

Auf der Grundlage eines kurzen medizinischen Abrisses erläutert sie eine Vielzahl von Möglichkeiten zur gezielten Atmung und Stimmkräftigung sowie zur Lösung gesamtkörperlicher Verspannungen und bietet damit die Voraussetzung zur Steigerung des stimmlichen Ausdrucks und der Persönlichkeit.

Die Übungen sind systematisch aufgebaut und an konkreten Beispielen verdeutlicht, so daß sie unmittelbar für die praktische Anwendung im privaten oder beruflichen Alltag geeignet sind. Auch wer häufig erlebt, daß nach einem sprechintensiven Arbeitstag seine Stimme rauh klingt oder ganz ausbleibt, findet in den angebotenen Übungen eine Vielzahl gezielter Trainingsmöglichkeiten.

Natürlich kann damit die medizinische Abklärung einer Heiserkeit nicht ersetzt werden. Die fachärztliche Diagnose bei allen stimmlichen Einschränkungen ist unumgänglich.

Für die anschließenden Übungen lassen sich mit den hier genannten Beispielen jedoch viele praktische Hilfestellungen geben.

Das vorliegende Buch zeigt, daß sich die Stimme mit Freude erarbeiten läßt, daß Stimmübungen Spaß machen und daß jeder Interessierte oder Betroffene individuelle und praktische Lösungen für seine Stimme finden kann.

Prof. Dr. Manfred Grohnfeldt
Leiter der Forschungsstelle für Sprachtherapie und
Rehabilitation (FSR) an der Universität zu Köln

Stimme – Spiegel der Persönlichkeit

Die Stimme prägt das Bild, das wir anderen von uns vermitteln und ist oftmals sogar unsere einzige Verbindung zu unseren Mitmenschen. Sprachliche Kommunikation – miteinander reden, Sachverhalte erläutern, Standpunkte austauschen, Kompromisse finden, Vereinbarungen treffen – all dies sind in unserer modernen Gesellschaft Alltagssituationen, die wir mit unserer Stimme zu meistern haben. Hier soll nun zunächst erläutert werden, wie die menschliche Stimme funktioniert, was ihr schadet beziehungsweise nutzt, welche Krankheiten der Stimme auftreten können und wie man sie heilen kann. All dies zu wissen bildet die Voraussetzung für den bewußten Umgang mit der Stimme und für ein entspanntes Sprechen.

Jede Stimme ist ein Instrument

Die menschliche Stimme ist etwas Faszinierendes. Es gibt Menschen, die man auf Anhieb sympathisch findet, obgleich man nur ihre Stimme kennt. Wer einmal die Synchronstimme von Humphrey Bogart in einem Spielfilm gehört hat, wird sie mit Sicherheit in ihrer Unverwechselbarkeit immer wiedererkennen. Andere Sprecher, wie etwa Hans Clarin, verfügen über eine stimmliche Wandlungsfähigkeit, die an ein Chamäleon erinnert. Stimmwunder wie Caruso erreichen mit ihrer Kunst Unsterblichkeit und setzen Maßstäbe für die Schönheit der menschlichen Stimme. Und wer Lieder von Louis Armstrong im Ohr hat oder Rocksängern zuhört, kann zu der Überzeugung gelangen, die menschliche Stimme sei unbegrenzt einsatzbereit und belastbar.

Die persönliche Note finden

Viele Menschen lauschen solch stimmlichen Höchstleistungen nicht selten mit ebensoviel Neid wie Bewunderung. Denn nicht viele von uns hat die Natur mit einem derart eindrucksvollen und leistungsfähigen Stimmorgan bedacht.

Doch auch weniger herausragende Stimmen sind individuell und einzigartig wie Fingerabdrücke. Das Erstellen von sogenannten »voice prints« ist zwar etwas komplizierter als das Nehmen von Fingerabdrücken, heute aber als ein ebenso hieb- und stichfestes Beweismittel vor Gericht anerkannt.

»voice prints« zeigen die Einzigartigkeit

Ganzheitliches Sprechen

Jeder kennt die Situation, nicht auf Anhieb die persönliche Note zu finden, den richtigen Ton zu treffen. Leider passiert dies sehr häufig ausgerechnet in wichtigen persönlichen oder beruflichen

Einfluß auf die Persönlichkeit

Jede menschliche Stimme hat ihre ganz persönliche Note – und diese gilt es zum Ausdruck zu bringen. Denn der Eindruck, den wir stimmlich hinterlassen, vermittelt stets auch ein Bild unserer Persönlichkeit. Und das geht uns allen tagtäglich so – beim Reden, Telefonieren oder bei dem Anliegen, sich Gehör zu verschaffen. In all diesen Situationen nehmen wir unseren Gesprächspartner über die Stimme, die Art und Weise des Sprechens wahr, und er uns natürlich auch. Dies gilt im Privatleben, nicht zuletzt jedoch für den beruflichen Alltag: Kindergärtnerinnen, Lehrer, Vertreter, Verkäufer oder Berater wissen meist sehr gut, wie wichtig ihre Stimme und ihr Sprechen für den Erfolg ihrer Arbeit ist.

Ideal: die Stimme gezielt einsetzen

Gesprächen, in Prüfungen oder in den berühmten Überraschungsmomenten, in denen die Stimme buchstäblich »wegbleibt«. Das Sprechen strengt uns dann extrem an, was zur Folge hat, daß die Stimme im Laufe des Gesprächs immer leiser wird und mehr und mehr an Klang und Ausdruckskraft verliert.

Dies muß aber nicht sein, denn jede gesunde Stimme kann so geschult werden, daß sie diese Belastungen bewältigt. Gleichzeitig ermöglicht eine derartige Schulung, die Stimme als Teil und Darstellung der eigenen Persönlichkeit bewußt zur Wirkung zu bringen, sich ihrer bewußt zu »bedienen«.

Doch niemand, auch nicht Caruso, wird als perfekter Sänger geboren. Vielmehr muß jeder seine Stimme ausbilden und trainieren, damit sie derart wirkungsvoll erklingen kann.

Bei dieser Schulung geht es um ein möglichst perfektes Zusammenspiel mehrerer Faktoren des Sprechens. Beteiligt sind dabei der Körper des Sprechers, seine Körperhaltung und seine Bewegungen während des Sprechens, die Atmung, die Stimme selbst und nicht zuletzt auch die seelische Verfassung, in der er spricht. Ein bewußter Umgang mit allen diesen Aspekten ergibt das, was man als »ganzheitliches Sprechen« bezeichnet.

Ganzheitliches Sprechen als Ziel

Jeden einzelnen dieser Faktoren können Sie gezielt trainieren: im Hinblick auf eine leistungsfähigere Stimme, im Hinblick auf den

Ton, den Klang, das heißt auch, die Schönheit der eigenen Stimme, und schließlich im Hinblick auf die Darstellung der eigenen Person, der eigenen Persönlichkeit mittels Stimme.

Stimmtraining – Geduld und Ausdauer führen zum Erfolg

Beeinträch-tigungen der Stimme verschwin-den nicht über Nacht! Oftmals sind wir heute von der modernen Medizin verwöhnt: wir nehmen abends ein Medikament ein und am nächsten Morgen bereits verspüren wir den Sieg über unser Leiden. Gegen die beeinträchtigte oder bereits geschädigte Stimme jedoch gibt es dieses Mittel noch nicht. Denn die Schädigungen, die wir der Stimme manchmal über mehrere Jahre zugefügt haben, verzeiht sie uns nicht von einem auf den anderen Tag.

Wir müssen dafür arbeiten und dabei Geduld aufbringen. Und hat sich der Erfolg schließlich eingestellt, müssen wir weiterarbeiten, damit er uns nicht wieder verläßt. Vor allem aber müssen wir bereit sein, auch an unserer Person, an unseren Einstellungen zu unserem Leben und zu unseren Mitmenschen zu arbeiten, damit unsere Stimme mit unserem Selbst »im reinen« ist und beide gewissermaßen eine ganzheitliche Einheit bilden.

Die Arbeit an der Stimme kann man mit dem Training eines ungeübten Sportlers vergleichen, der sich auf einen Marathonlauf vorbereitet. Zuerst müssen Sie kleine, wohldosierte Schritte unternehmen, um eine Grundkondition aufzubauen. Danach werden die Schritte größer und schneller, die Trainingabschnitte länger. Haben Sie schließlich das Können und die Kondition für den ersten »offiziellen Auftritt« erreicht und diesen erfolgreich bewältigt, wollen Sie bei nächster Gelegenheit sicher wieder antreten. Dafür müssen Sie weiter trainieren, um das bereits Erreichte zu bewahren und um Ihre Erfolge weiter auszubauen. **Schritt für Schritt zur Grundkondition**

So wie beim Laufen muß man auch beim Stimmtraining kleine Schritte in Kauf nehmen sowie Geduld aufbringen, um zum gewünschten Ziel zu kommen.

Doch die Beschäftigung mit der Stimme soll natürlich auch Freude machen – Freude darüber, daß Ihre Stimme leistungsfähiger und ausdrucksvoller wird, aber auch darüber, daß Sie mehr über sich selbst, über Ihren Körper und Ihre Stimme erfahren.

Stimmtherapeuten verweisen nicht umsonst immer wieder auf die Sinnverwandtschaft der Wörter Stimme und Stimmung: Wichtig für eine gute und »stimmige« Stimme ist eine gleichermaßen gute und »stimmige« Stimmung.

Stimme und Stimmung sind nicht zu trennen

Bitte beachten Sie

Stimme und Stimmung sind eng miteinander verwandt. Versuchen Sie also nicht, Trauer, Verzweiflung oder Wut mit einer fröhlichen oder beherrschten Stimme zu übertönen. Dieser Empfindungen sollte man sich bewußt sein und sie auch stimmlich ausdrücken. Ansonsten besteht die Gefahr, daß sich diese Gefühle und inneren Spannungen auf die Stimme legen und diese beeinträchtigen. Uns selbst und unserem Körper können wir auf Dauer nichts vormachen – selbst scheinbar perfekt versteckte Belastungen finden einen Weg, sich bemerkbar zu machen: Wir sind schlicht »sprachlos« oder haben den berühmten »Kloß im Hals«, einigen Menschen »schwillt der Hals vor Wut«, anderen ist »die Kehle wie zugeschnürt«.

Passiert dies häufig, so können dauerhafte Störungen der Stimme entstehen, deren Ursache weder für den Betroffenen noch für den Arzt auf den ersten Blick erkennbar ist.

▶ Das Ziel muß also lauten:
- Die Stimme darf nicht als Verkleidung der Stimmung mißbraucht werden.
- Nehmen Sie Ihre innere Stimmung wahr und stehen Sie dazu.
- Gebrauchen Sie Ihre Stimme jeweils in Einklang mit der eigenen aktuellen Stimmung.

Wie unsere Stimme funktioniert

Will man seine eigene, gesunde Stimme trainieren, benötigt man keine tieferen Erkenntnisse über die komplizierten Mechanismen, die unsere Stimme erklingen lassen. Einige grundlegende Einsichten in die Funktionsweise der Stimme machen jedoch die erstaunliche Leistung deutlich, die unser Körper schon bei der Erzeugung einfacher lautlicher Äußerungen erbringt.

Der Kehlkopf

Der Kehlkopf ist sozusagen das »Herzstück« unserer Stimme oder auch Stimmgebung und somit der eigentliche »Stimmapparat«. Aufbau und Funktionsweise dieses »Apparats« sind kompliziert, ihre Darstellung jedoch hilfreich, um zu verstehen, daß und wie es möglich ist, die Stimme zu trainieren, das heißt kraftvoller und wohlklingender ertönen zu lassen.

Eigentlich ein »Stimmapparat«

Die Stimmlippen

Stimmgewaltige Sänger vermitteln den Eindruck, daß ihr Organ, das diese Töne erzeugt, einen enormen räumlichen Umfang hat. Dieses Organ, die menschlichen Stimmlippen, sind jedoch nicht viel größer als etwa 11 bis 20 mm. Eine präzise Meßmethode ist bis heute nicht gefunden, so daß diese Angaben so ungenau bleiben müssen. Fest steht, daß die weiblichen Stimmlippen kürzer sind als die männlichen, weswegen Frauen im Durchschnitt höhere Stimmen als Männer haben. Die Stimmlippen werden auch Stimmuskel genannt, dessen oberen Rand die sogenannten Stimmbänder bilden.

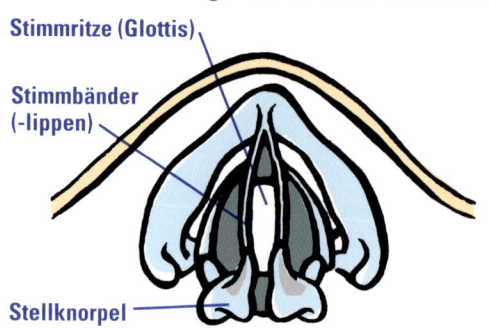

Stimmritze (Glottis)

Stimmbänder (-lippen)

Stellknorpel

Die Stimmknorpel

Die Stimmlippen liegen in einem Gerüst aus vier Knorpeln. Der größte dieser Knorpel, der Schildknorpel, besteht aus zwei Platten, die längsseits in einem Winkel zueinander stehen. Die Platten des Schildknorpels verlaufen von vorn im Hals nach hinten auseinander. Der Winkel des Schildknorpels weist am oberen Rand eine kleine Einkerbung auf, den sogenannten »Adamsapfel«, den vor allem Männer, wenn sie den Kopf zurücklegen, mit etwas Geschick am Hals ertasten können. Unter dem Schildknorpel befindet sich der Ringknorpel, der die Form eines liegenden Siegelringes besitzt, wobei die breiteste Stelle, die Platte gewissermaßen, nach hinten zeigt. Auf dieser breiten Stelle wiederum sind die beiden Stellknorpel angebracht, die wie kleine Geweihköpfe geformt sind. Sie befinden sich genau gegenüber dem Winkel des Schildknorpels, und von diesem bis zu den »Geweihspitzen« der Ringknorpel, die die Form kleiner Pyramiden haben, verlaufen die Stimmlippen. Zum einen sind nun die Stellknorpel durch Muskeln äußerst beweglich auf dem Ringknorpel angebracht, zum anderen kann sich der Schildknorpel auf dem Ringknorpel kippend bewegen.

Der so-genannte »Adams-apfel«

Kehlkopf und Kehlkopfdeckel

Oberhalb der Stimmlippen ist, ebenfalls am Winkel des Schildknorpels, der Kehldeckel befestigt, der über das ganze Knorpelgerüst, das zusammen den Kehlkopf bildet, hinausragt. Während wir atmen, ist der Kehldeckel nach oben gestellt, so daß die Luft an ihm vorbei durch die geöffneten Stimmlippen und weiter in der Luftröhre bis in die Lungen dringen kann. Wenn wir jedoch schlucken, legt sich der Kehldeckel über den Kehlkopfeingang und verschließt ihn vollständig, so daß der verschluckte Gegenstand in die dahinterliegende Speiseröhre rutschen kann.

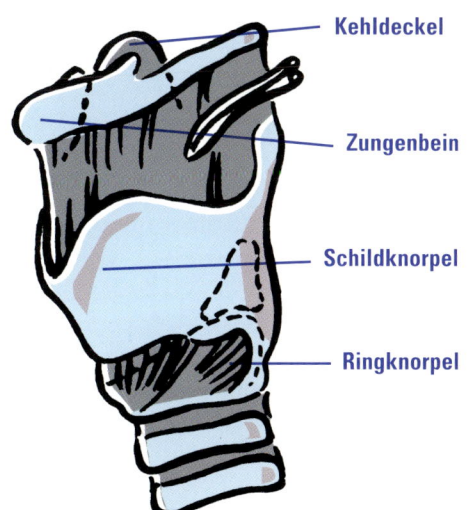

Kehldeckel

Zungenbein

Schildknorpel

Ringknorpel

Wenn wir also etwas »in den falschen Hals« bekommen, so ist das durchaus wörtlich gemeint.

Der Kehlkopf hat eine Doppel- funktion Dies war nun ursprünglich auch die einzige Aufgabe des Kehlkopf- gerüstes. Es diente als Verschluß der Luftröhre gegen Fremdstoffe. Erst später kam dann die Funktion der Stimmgebung mittels der Stimmlippen dazu. Somit erfüllt unser Kehlkopf heute also eine Doppelfunktion.

Für diese Aufgabe benötigen wir eine Vielzahl von Muskelgruppen, denn die Phonation, die Lauterzeugung, ist eine komplizierte An- gelegenheit, bei der sich die Stimmlippen und die umgebenden Knorpel in bestimmten Lagen zueinander befinden müssen.

Funktionsweise der Stimmlippen beim Atmen

Grundprinzip ist, daß die Stimmlippen bei der Atmung geöffnet sein müssen, damit die Luft ungehindert hindurchströmen kann. Sie bilden dabei ein Dreieck, wobei sie vorne, im Winkel des Schildknorpels aneinanderliegen und sich durch die auseinander- gerückten Stellknorpel nach hinten öffnen. Sobald wir sprechen wollen, müssen die Stimmlippen aneinanderliegen. Der Raum zwischen ihnen, Glottis genannt, muß dann geschlossen sein. Um die Glottis vollständig zu schließen, müssen drei Muskel- gruppen in Aktion treten, die die beweglichen Stellknorpel derart zueinander hinziehen, daß ihre vorderen Spitzen direkt aneinanderliegen, so daß auch die an den Stellknorpeln be- festigten Stimmlippen zusammenkommen.

Zum Atmen geöffnet, zum Sprechen geschlossen

Für die Öffnung der Glottis besitzen wir vor allem einen Muskel, der die hinteren Spitzen der Stellknorpel zusammenzieht, so daß sie sich vorne auseinanderbewegen und die Stimmlippen von- einander entfernen.

Funktionsweise der Stimmlippen beim Sprechen

Wenn wir sprechen wollen, schließen wir unsere Glottis und legen die Stimmlippen dicht aneinander, so daß der Luftstrom, der nor- malerweise ungehindert hindurchfließt, aufgehalten wird. Wenn wir nun den Druck der Luft beim Ausatmen etwas erhöhen, so werden die Stimmlippen dadurch auseinandergedrückt; sie geben sozusagen dem Druck nach. Der Überdruck der Luft entweicht nach oben, und die Stimmlippen, befreit von diesem Druck, schließen sich wieder. Durch die von unten weiter nachströmende Luft wird abermals der Druck erhöht, die Stimmlippen werden wieder auseinandergesprengt, die Luft entweicht, und die Stimmlippen schließen sich wieder. Dieser Vorgang wiederholt sich je nach Tonhöhe etwa 100 bis 250mal pro Sekunde. So oft schwingen die Stimmlippen auseinander und wieder zusammen.

100 bis 250 Schwingungen pro Sekunde beim Sprechen

In der Weise, in der die Stimmlippen schwingen, wird auch die durchströmende Luft in Schwingungen versetzt. Derart entstehen Töne, die weiter oben im Hals, im Rachen und Mund in Laute umgesetzt werden.

Hohe Töne – tiefe Töne

Um die Tonhöhe zu regeln, muß die Spannung der Stimmlippen verändert werden: Sind die Stimmlippen stärker gespannt, so produzieren wir höhere Töne, sind sie schwächer gespannt, so produzieren wir tiefere Töne. Für diese Spannung beziehungsweise Entspannung der Stimmlippen sind zwei Muskeln zuständig: zum einen der Stimmuskel selbst sowie ein weiterer Muskel, der den Schildknorpel nach vorne kippt und dadurch die Stimmlippen, die an diesem Knorpel befestigt sind, in die Länge zieht.

Die Spannung bestimmt die Tonhöhe

▶ Außergewöhnliche Stimmen beeindrucken durch außergewöhnliche Leistungen: Sehr hohe Sopranstimmen erzeugen eine extrem hohe Anzahl, nämlich 2637 Schwingungen pro Sekunde, der tiefste erreichbare Ton hingegen 43 Schwingungen pro Sekunde.

Je mehr Schwingung, desto höher der Ton

Atmung – Stimme – Sprechen

An der Stimmgebung sind außer dem Kehlkopf aber auch andere Bereiche unseres Körpers beteiligt. Diese beteiligten Organe kann man in Regionen einteilen:

1 Von unten gesehen beginnt die Atmung mit dem Zwerchfell. Dieses liegt etwa auf der Höhe der unteren Rippenbögen. Bei der Einatmung senkt es sich nach unten, so daß sich der Bauch nach vorne dehnt. Gleichzeitig dringt die Luft durch die Luftröhre in Bronchien und Lunge. Dieser Bereich ist also hauptsächlich für die Atmung zuständig und wird in der Fachsprache als »Windkessel« bezeichnet.

Windkessel = Atmung

2 Nach oben schließt sich am Ende der Luftröhre der Kehlkopf mit den Stimmlippen und dem Kehldeckel (als Abschluß) an. Dieser Bereich ist für die Stimmgebung oder Phonation verantwortlich, da er die durchströmende Luft in Schwingungen versetzt. Aufgrund dieser Funktion wird er als »Vibrator« bezeichnet.

Vibrator = Stimmgebung

3 Im Anschluß daran befinden sich Rachen- und Mundraum mit Gaumen, Zunge und Zähnen sowie die Nase mit ihren Nebenhöhlen. Hier wird vorrangig die Lautgebung, also die Artikulation, durchgeführt. Da in diesem Bereich die Schwingungen umgesetzt und nach außen weitergegeben werden, nennt man diese Region auch »Resonator« oder »Ansatzrohr«.

Ansatzrohr = Artikulation

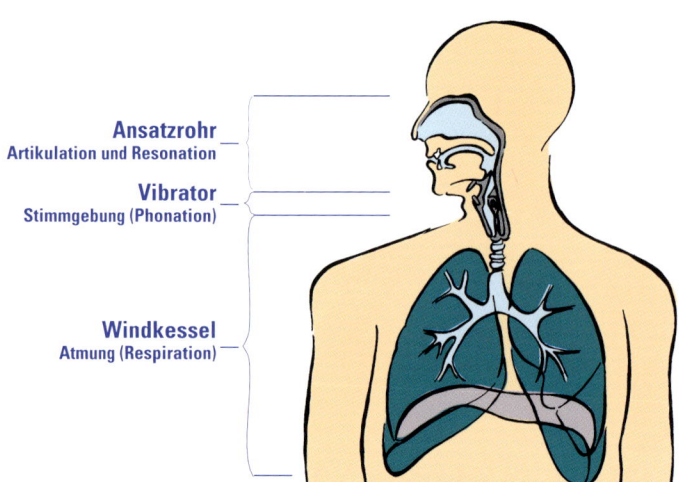

Ansatzrohr
Artikulation und Resonation

Vibrator
Stimmgebung (Phonation)

Windkessel
Atmung (Respiration)

Krankheitsbilder der Stimme

Hier soll ein Überblick über die Erkrankungen gegeben werden, die besonders zu stimmlichen Über- und Fehlbelastungen führen können, oder umgekehrt, die durch stimmliche Fehl- und Überbelastung hervorgerufen werden. Neben diesen Erkrankungen gibt es jedoch auch Störungen der Funktionen des Sprechapparats, die ebenfalls durch Über- und Fehlbelastungen der Stimme bedingt sind.

Über- und Fehlbelastungen als Hauptursachen

Erkrankungen, die die Stimme belasten

Hiervon sind besonders oft Menschen betroffen, die in ihrem Beruf sehr viel oder sehr laut reden müssen. Gerade im Alltag jedoch wird diese Überbelastung oft gar nicht wahrgenommen. Halsschmerzen und Husten zum Beispiel sind normalerweise für den Betroffenen noch lange kein Grund, in Schweigen zu verfallen. Ebensowenig halten Kollegen, Freunde oder die Familie ein solches Schweigen – es handelt sich ja nur um eine einfache Erkältung – für angebracht.

Halsschmerzen und Husten – sofort schonen

Solche kleinen Entzündungserkrankungen oder Infektionen können durch übermäßige Sprechanstrengung jedoch maßgeblich verschlimmert werden – aus einer einfachen Erkältung kann durchaus eine organische Stimmbandveränderung entstehen.

Die einfache Halsentzündung

Jeder kennt das Gefühl, wenn eine Erkältung naht: die Nase kribbelt, der Hals kratzt. Wer sich nun seinen »angekratzten« Hals mit einer Taschenlampe genauer betrachtet, der wird an einigen Stellen eine unnatürliche Rötung entdecken, möglicherweise auch Schleim oder kleine rote Pünktchen. All dies ist bereits Grund genug, für einige Tage den Mund zu halten. Nun ist das leichter gesagt als ge-

Schweigen – die beste Medizin

tan, denn wegen einer einfachen Erkältung ist es für den Betroffenen selbst, aber auch für seine berufliche oder familiäre Umwelt kaum einzusehen, warum er in nächster Zeit nicht mehr sprechen soll. Man verhält sich und spricht also weiter wie bisher, und im gleichen Maße vermehren sich die roten Pünktchen im Hals.

Bewährte Hausmittel ▶ Greifen Sie an diesem Punkt zu bewährten Hausmitteln: Gurgeln Sie mit Salzwasser, inhalieren Sie mit Kamille oder Teebaumöl, bestrahlen Sie den Kopfbereich mit Rotlicht. All dies erleichtert die Beschwerden und hilft »durchzuhalten«, bis Sie dann am Wochenende endlich den angekratzten Hals und vor allem die angekratzte Stimme tatsächlich schonen, das heißt die Sprechmenge erheblich vermindern können.

Entzündungen von Mandeln und Stimmbändern

Wer derartige Erkältungen zwei- bis dreimal im Jahr bekommt, kann diese in der Regel ohne größere Probleme und erfolgreich auskurieren. Problematischer wird eine solche Erkältung allerdings dann, wenn sie nicht nur den oberen Rachen- und Gaumenbereich, sondern auch die Mandeln, die Stimmbänder oder Stimmlippen betrifft.

● Eine Mandelentzündung ist normalerweise schmerzhaft und oftmals von Fieber begleitet.

Unbedingt einen Arzt aufsuchen!

● Eine Infektion der Stimmbänder oder Stimmlippen ist auf jeden Fall unüberhörbar: Die Stimme wird heiser, senkt sich unnatürlich tief oder verabschiedet sich für einige Tage ganz.

▶ Gehen Sie zum Arzt! Schonen Sie Ihre Stimme, sprechen Sie so wenig wie möglich, um Ihre Stimme nicht weiter zu schädigen. Denn aus einer Stimmband- oder Stimmlippenentzündung kann eine chronische Erkrankung werden, die dann sehr viel mehr Zeit zur Heilung benötigt als ein kurzer Infekt.

Kein Nikotin! Kein Alkohol! ▶ Meiden Sie allzu trockene oder kalte Luft, und halten Sie aggressive Giftstoffe von den entzündeten Bereichen im Hals fern, das heißt: Nicht rauchen und keinen Alkohol trinken!

Flüstern schont die Stimme nicht!

Besonders wichtig ist es, die Lautsprache nicht durch Flüstern zu ersetzen. Flüstern beansprucht die Stimmbänder mehr als die normale Sprechweise. Diese häufig verkannte Tatsache liegt in der Natur unseres »Stimmapparats«. Während unsere Stimmlippen bei normaler Lautsprache verhältnismäßig locker im Luftstrom unseres Atems schwingen, müssen sie sich beim Flüstern einer ganz besonderen Anstrengung unterziehen: Sie müssen sich nämlich bis auf das sogenannte »Flüsterdreieck« im hintersten Winkel unseres **Je leiser,** »Stimmapparats« so straff spannen, daß sie dicht aneinanderliegen **desto an-** und buchstäblich keinen Ton mehr hindurchlassen. Damit sind die **strengender** Stimmlippen beim Flüstern wesentlich größeren Spannungen ausgesetzt. Flüstern stellt also keineswegs eine Schonstimme dar! Bis zum Abklingen jeglicher Erkältung oder gar Entzündung sollten Sie deshalb möglichst wenig, am besten gar nicht sprechen!

Belastungen der Stimme, die zu Erkrankungen führen

Entzündungen beziehungsweise infektiöse Erkrankungen des Halses, der Stimmbänder, der Mandeln und des Kehlkopfes können bei zusätzlicher Über- oder Fehlbelastung der Stimme zu krankhaften organischen Veränderungen des Stimmapparats führen. Darüberhinaus gibt es jedoch auch solche Erkrankungen, das heißt **Organische** organische Veränderungen, die in erster Linie durch eine stimm- **Verände-** liche Fehl- beziehungsweise Überbelastung bedingt sind, nämlich **rungen der** Stimmbandknötchen und Stimmbandpolyp. **Stimme**

Stimmbandknötchen

Stimmbandknötchen sind Verdickungen an beiden Stimmlippen, und zwar an Stellen, die sich genau gegenüberliegen und die beim Sprechen besonders stark beansprucht werden. Diese Verdickungen vermitteln das Gefühl, ständig einen »Frosch im Hals« zu haben und lösen somit das Bedürfnis aus, sich unentwegt zu räuspern. Zudem wird die Stimme heiser und verhaucht, weil die Stimm-

**Wenn die
Hausmittel
nicht helfen,
sofort zum
Arzt!**

Bitte beachten Sie

Nehmen Sie ruhig bewährte Hausmittel, jedoch nicht zu lange!
Bei Beschwerden im Halsbereich, die sich nicht eindeutig einer
harmlosen Erkältung zuordnen lassen oder länger als zwei bis
drei Wochen andauern, sollten Sie dringend einen Facharzt
aufsuchen. Dieser wird eine Kehlkopfspiegelung, eine sogenannte Laryngoskopie, durchführen. Dabei wird ein dünnes
Rohr mit einem Spiegel sowie einer Lampe in den Hals einge-
führt. Mit diesem Gerät kann der Arzt bis in den Bereich des
Kehlkopfs hinabsehen und so die Ursachen für Ihre Beschwerden feststellen. Einige Krankheiten erfordern sofortige ärztliche
Hilfe, und je eher sie erkannt werden, um so schneller können
Maßnahmen getroffen werden, die Ihnen und Ihrer Stimme
wieder zu vollkommener Gesundheit zu verhelfen.

lippen sich nicht mehr vollständig aneinanderlegen können. Das
ist jedoch die Voraussetzung dafür, daß wir überhaupt sprechen
können. Man strengt sich nun ganz besonders an, wodurch sich
die Muskulatur des Kehlkopfes zusätzlich verspannt; das wirkt sich
dann auch wieder negativ auf den Krankheitsverlauf aus.

Stimmbandpolyp

Eine im Erscheinungsbild den Stimmbandknötchen ähnliche Erkrankung ist der Stimmbandpolyp. Er tritt allerdings seltener auf
und wird nicht allein durch eine Überbelastung, sondern zusätzlich
durch eine Infektion oder durch Gifte, also zum Beispiel durch
Nikotin oder chemische Gase, hervorgerufen.

■ Werden Stimmbandknötchen frühzeitig entdeckt, reicht es oft
aus, einige Zeit absolute Stimmruhe einzuhalten, damit sich die
Verdickungen von selbst zurückbilden können. Sind die Knoten
allerdings bereits zu groß oder zu hart, müssen sie operativ entfernt
werden. Der Stimmbandpolyp hingegen kann nur selten ohne Ope-
ration zum Verschwinden gebracht werden. In beiden Fällen erfolgt
im Anschluß eine logopädische Behandlung oder eine Sprachheil-
therapie, bei der Sie eine weniger anstrengende Sprechweise erlernen.

Funktionelle Störungen des Stimmapparats

Funktionelle Störungen des Stimmapparats sind Beeinträchtigungen der Stimme, die keine organischen Ursachen haben. Hiervon sind vor allem Menschen betroffen, die berufsbedingt sehr viel sprechen müssen. Im Stimmheilzentrum Bad Rappenau nahe Heidelberg, einer der größten deutschen Kliniken dieser Art, sind rund 50 Prozent aller Patienten mit funktionellen Sprechstörungen Angehörige des Lehrerberufs.

Häufig bei Berufs- sprechern

Doch umgekehrt gilt das gleiche: Wer normalerweise nicht viel redet und dann auf einmal ein wichtiges Gespräch führen muß, kennt nur zu gut das Gefühl, daß plötzlich die Stimme zu versagen droht. Der Grund hierfür sind jedoch genau die gleichen Verspannungen der Stimmuskulatur.

1 Am weitesten verbreitet ist die sogenannte hyperfunktionelle Dysphonie, eine Stimmstörung (= Dysphonie), die durch übermäßige (»hyper«) An- beziehungsweise durch Verspannung entsteht.

Übermäßige An- oder Verspannung

2 Eine stete Unterbelastung des Sprechapparats kann demgegenüber zu einer Verkümmerung der Stimmuskulatur führen, eine Krankheit, die man als hypofunktionelle Dysphonie bezeichnet.

Verkümmerung der Muskulatur

3 Es gibt auch Fälle, in denen eine ursprüngliche Verspannung der Stimmuskulatur (hyperfunktionelle Dysphonie) zu einer Verkümmerung der Stimmuskulatur (hypofunktionelle Dysphonie) führt, da die Muskeln aus Erschöpfung nicht mehr ausreichend Spannung entwickeln können.

Verspannung und nachfolgende Erschöpfung

Körper und Atmung entspannen

Sobald wir unsere Stimme »erheben«, setzen die Muskeln unseres Stimmapparats zu einem exakten Zusammenspiel an, das viele verschiedene Mechanismen in Gang setzt. Selbst wenn nur einer dieser Muskeln verspannt ist oder ständig überbelastet wird, ist das Gleichgewicht dieses Zusammenspiels gestört – und das ist dann unüberhörbar. Viele der folgenden Haltungs-, Atem- und Lockerungsübungen werden bei der Therapie von Stimmstörungen eingesetzt und haben alle eigentlich nur ein Ziel: An- oder Verspannungen der Stimmuskulatur beim Sprechen zu lösen und durch Training Über- oder Fehlbelastungen langfristig zu vermeiden.

Nehmen Sie eine gute Haltung ein

Die bekannte Körperhaltung des preußischen Soldaten, die Kraft und Stärke vermitteln sollte, erscheint manchen Menschen immer noch als erstrebenswert. Doch der eingezogene Bauch, die herausgestreckte Brust und die extrem zurückgezogenen Schultern beeinträchtigen den natürlichen Atemvorgang. Stellen Sie sich entspannt hin und atmen Sie »tief durch« – Sie werden spüren, daß Bauch und Brust gleichermaßen an diesem entspannten und entspannenden Atmen beteiligt sind.

»Bauch rein, Brust raus« ist nicht mehr erstrebenswert

Durch die »preußische Haltung« ist ein solches Atmen nicht möglich, da der Atemvorgang künstlich in den Brustbereich verlagert wird, was schließlich im gesamten Oberkörper zu Verspannungen führt.

Richtig Stehen

Die richtige Stehhaltung ermöglicht, ohne übermäßige Körperbelastung längere Zeit zu stehen, und sie ist die beste »Grundhaltung«, um so entspannt wie möglich zu sprechen.

▶ Achten Sie zunächst darauf, daß Sie Ihre Knie nicht nach hinten durchdrücken, sondern locker halten.
● Richten Sie Ihr Becken auf ohne dabei jedoch ein Hohlkreuz zu bilden.
● Halten Sie auch den Bauch möglichst locker! Bemühen Sie

Locker und entspannt stehen und den Atem fließen lassen.

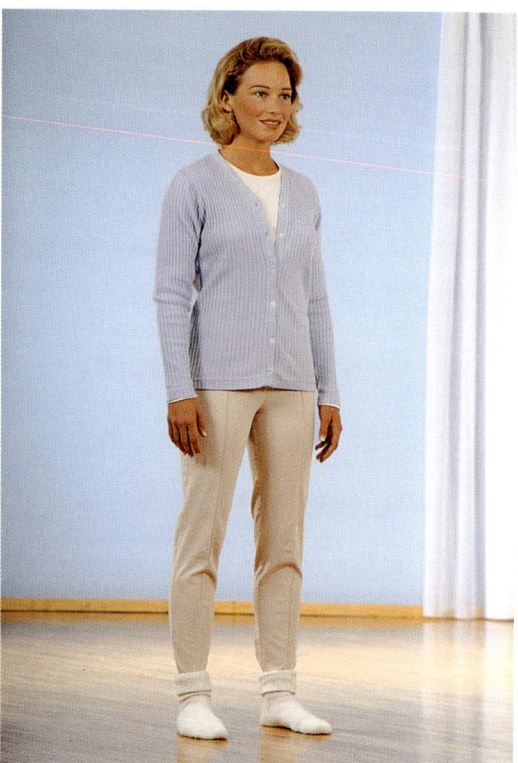

sich auf keinen Fall, Ihren
Bauch, wie voluminös auch
immer, einzuziehen! Das mag
der Optik guttun, Ihrer Atmung
und damit auch Ihrem Sprechen schadet es nur.
● Nehmen Sie die Schultern
leicht nach hinten, so daß die
Arme locker am Körper hängen.
● Richten Sie Ihren Kopf auf.
● Üben Sie diese Haltung täglich in mehreren kurzen Trainingseinheiten. Achten Sie
darauf, daß Sie dabei nicht
verkrampfen.

■ Stellen Sie sich vor, Ihr Körper wäre ein Schlauch. Halten
Sie ihn so gerade wie möglich,
damit Ihr Atem ungehindert
strömen kann.

Tricks und Tips

Ihre Oberkörper- und
Kopfhaltung können Sie
zusätzlich verbessern! Ein
bewährter Trick, um dies
zu erreichen, ist das so-
genannte »Marionetten-
fädchen«:
Stellen Sie sich vor, Sie
haben, gleich einer Mario-
nette, am Hinterkopf ein
kleines Fädchen. An diesem
wird nun Ihr Kopf, wie von
unsichtbarer Hand, nach
oben gezogen.

Richtig Sitzen

Für diese Übung nehmen Sie
sich einen Stuhl, möglichst
ohne Lehne. Die richtige Sitzhaltung ist dann gefunden,
wenn Ihr Körper drei rechte
Winkel bildet.

1 Der erste dieser Winkel
muß zwischen dem Fußbo-
den und Ihren Unterschenkeln
entstehen. Stellen Sie die Füße
flach auf den Boden, sie müssen jedoch keinesfalls parallel
stehen.

2 Der zweite Winkel findet
sich dann – bei richtiger
Sitzhöhe – durch die Stellung
Ihrer Unterschenkel zu den
Oberschenkeln.

3 Der dritte und letzte Winkel schließlich bildet sich durch die Haltung Ihrer Oberschenkel zu Ihrem Oberkörper.

- Richten Sie Ihren Oberkörper auf, ohne dabei ein Hohlkreuz zu bilden.
- Nehmen Sie die Schultern leicht zurück, halten Sie den Kopf gerade.
- Legen Sie die Arme auf die Oberschenkel oder lassen Sie sie einfach neben dem Körper baumeln.

Das »Mario-nettenfäd-chen« hilft auch hier!

- Auch im Sitzen unterstützt das »Fädchen am Hinterkopf« (Kasten Seite 25) eine gute Haltung des Oberkörpers.
- Denken Sie beim Üben an die notwendigen kleinen Schritte.

Bitte beachten Sie

Bevor Sie länger als ein paar Minuten so sitzen können, müssen Sie diese Haltung trainieren. Gewöhnen Sie Ihren Körper und vor allem jene Muskeln, die Sie soeben zum ersten Mal gespürt haben, langsam daran. Bereits nach wenigen Übungseinheiten werden Sie keine Probleme mehr dabei haben.

Längere Zeit trainieren

- Üben Sie mehrmals am Tag, aber nie länger als lediglich ein paar Minuten.
- Steigern Sie Ihre Übungszeiten nur langsam.

Auch unsere Körperhaltung spiegelt unsere Persönlichkeit

Eine aufrechte Körperhaltung unterstützt nicht nur eine gute Atmung, sie signalisiert unserer Umwelt auch unsere innere Sicherheit. Wir zeigen, daß wir »Rückgrat haben«, daß wir »fest mit beiden Beinen auf dem Boden stehen«, daß wir »unsere Stellung behaupten«, kurz, daß wir uns unserer Sache sicher sind. Eine schlaffe Körperhaltung hingegen signalisiert Unsicherheit, Angst und die Bereitschaft, schnell nachzugeben. Eine bewußt eingenommene, aufrechte Körperhaltung kann uns bei wichtigen Gesprächen also darin unterstützen, gegenüber unserem Gesprächspartner
- unsere Haltung zu bewahren und
- unsere Haltung zu festigen.

Lassen Sie den Atem fließen

Die richtige Körperhaltung erfüllt keinen Selbstzweck, sondern hilft uns in vielerlei Hinsicht, uns und unseren Körper zu entspannen. Zudem stellt sie eine wesentliche Grundvoraussetzung für eine entspannt fließende Atmung dar.
Doch nicht nur unsere äußere Haltung, sondern auch unsere innere Haltung, das heißt unsere Stimmung oder Gemütsverfassung, hat großen Einfluß darauf, wie wir atmen.

Stimmungen verändern den Atemfluß

1 Gehen Sie gemächlich durch den Raum und stellen Sie sich vor, Sie gingen durch einen sanft rauschenden Wald. Sie atmen tief die würzige Luft ein und genießen die Ruhe dieses Waldspazierganges.

Ruhe: entspannte Atmung

● Nehmen Sie dabei aufmerksam Ihre Atmung wahr. Ihr Atem müßte nun ruhig und regelmäßig in Sie hineinströmen.

2 Nun versetzen Sie sich in Gedanken in ein Kaufhaus, einen Tag vor Weihnachten.

Sie brauchen noch einige Geschenke und hasten im Gedränge von Regal zu Regal, von Abteilung zu Abteilung.
● In Wirklichkeit hätten Sie nun natürlich überhaupt keine Zeit, Ihre Atembewegung zu verfolgen. In Ihrem Zimmer jedoch, wo Sie diese Vorstellung gerade nachvollziehen, können Sie den Einkauf unterbrechen, um Ihre Atembewegung wahrzunehmen.
Im Vergleich zum entspannten Waldspaziergang dürfte Ihre Atmung beschleunigt und kürzer geworden sein. Wahrscheinlich hat sich Ihre Bauchatmung nach oben in den Brust- und Schulterbereich verlagert, und Sie konnten spüren, wie sogar Ihr Hals ist »enger« geworden. Sie merken also, wie sehr die Atmung von Ihrer Stimmung abhängig ist. Genau wie beim hektischen Einkaufen kann sich die Atmung in Streß- und Anspannungssituationen verändern. Sie rutscht nach oben, der Brustkorb bewegt sich stark. Diese ausgeprägte Brustatmung, die man auch als Hochatmung bezeichnet, erzeugt Muskelverspannungen, die letzlich auch den Hals- und Kehlkopfbereich beeinträchtigen.

Hektik: flache Atmung, »enger Hals«

Richtig Atmen

Eine zentrale Rolle bei der Atmung spielt das Zwerchfell (Seite 16). Dessen Bewegungen können wir allerdings weder unmittelbar spüren noch bewußt steuern, sondern lediglich »mittelbar«, das heißt vermittelt über andere Organe und Muskeln unseres Körpers.

Drei Arten von Atmung: Zwerchfellatmung

● Wichtig ist bei der Atmung, daß sich das Zwerchfell senkt und dabei die inneren Organe nach vorne drückt. So entsteht im Körperinneren ein Hohlraum, in den Atemluft einströmen kann. Das bedeutet, daß sich beim Einatmen der Bauch heben muß. Diese Atemweise nennt man Bauch- oder Zwerchfell-Flankenatmung.

Vollatmung

● Ist zudem auch die Rippengegend leicht mit in die Bewegung einbezogen, so spricht man von einer Vollatmung.

Hochatmung

● Bewegt sich hingegen ausschließlich der Brustbereich oder sogar die Schultergegend beim Atmen, so haben wir es mit einer ausgeprägten Hochatmung zu tun, einer sogenannten Clavicularatmung. Diese ist extrem anstrengend und führt zwangsläufig zu Verspannungen.

■ Je ruhiger und weniger aktiv wir sind, umso tiefer »sitzt« unsere Atmung.

Bitte beachten Sie

Natürlich muß man akzeptieren, daß es Situationen gibt, in denen sich die Atmung verändert. In Prüfungen, unter extremer seelischer Belastung oder bei körperlichen Aktivitäten ist es vollkommen normal, wenn sich die Atmung nach oben verlagert. Aber in alltäglichen Gesprächen sollte die Atmung nicht nach oben rutschen! Beobachten Sie doch einmal, wie sich Ihre Atmung im Alltag verändert und versuchen Sie, diese bewußt zu steuern.

▶ In Ruhephasen sollten Sie sich grundsätzlich bemühen, ausschließlich die Bauchatmung durchzuführen. Beim Sprechen sollten Sie die Vollatmung anstreben, und nur bei äußerster körperlicher Anstrengung, zum Beispiel bei einem Kurzstreckenlauf, sollte die Hochatmung zum Einsatz kommen.

Die Ruhe- oder Bauchatmung

In den nun folgenden Übungen geht es darum, den Wegen und dem Fluß unserer Atmung nachzuspüren. Dabei werden Sie feststellen, daß Sie zunehmend ruhiger und entspannter werden, je mehr Sie sich auf ihre Bauchatmung konzentrieren. Bei einigen dieser Übungen brauchen Sie jedoch die Hilfe eines Partners.

Der Atmung »nachspüren«

Entspannt Atmen im Liegen

▶ Legen Sie sich, um die Bewegungsabläufe während der Atmung zu spüren, zunächst entspannt auf den Rücken. Legen Sie sich ein Buch auf den Bauch. Wenn Ihre Atmung ruhiger wird, wird sich das Buch langsam heben und senken.
● Tauschen Sie nun das Buch gegen Ihre Hand aus. Lassen Sie diese den gesamten Bauchraum, die Flankengegend, den Rippenbereich und den Brustbereich entlangwandern. Stellen Sie dabei fest, daß sich Ihre Brust stärker bewegt als Ihr Bauch, versuchen Sie, dies zu ändern.
● Verlagern Sie Ihre Atmung weiter nach unten in den Bauch- und Flankenbereich (siehe dazu Übungen zur Vertiefung der Atmung, Seite 31).

● Nun wird nach Möglichkeit ein Partner oder eine Partnerin zur Mitarbeit gebeten. Der Partner läßt seine Hände in Flankenhöhe weiter nach hinten auf den Rücken wandern, während Sie nun sozusagen »in die Hände« Ihres Partners atmen. Dadurch nutzen Sie die Atemräume im unteren Rückenbereich verstärkt aus.
● Steht Ihnen kein hilfreicher Partner zur Verfügung, dann können Sie mit Ihrem eigenen Handrücken die Atembewegungen verfolgen. Die Hand eines

Mit einem Buch, dann mit den Händen die Atmung kontrollieren.

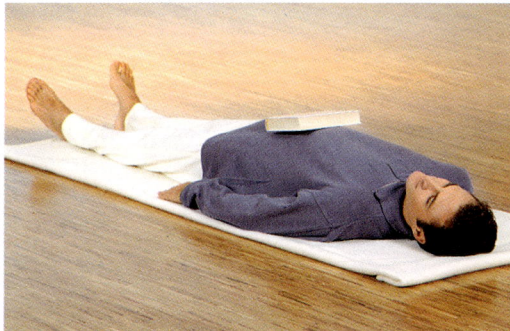

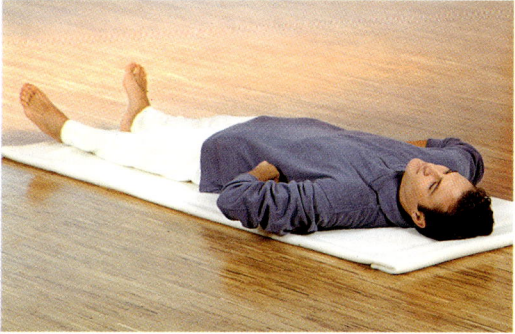

anderen Menschen, speziell die Handfläche, hat allerdings den Vorteil, eine angenehme Wärme auszustrahlen, die den Atemvorgang noch intensiviert.

Entspannt Atmen im Stehen

▶ Nehmen Sie eine entspannte Stehhaltung ein, lassen Sie die Arme locker hängen oder legen Sie die Hände auf den Bauch.

● Ihr Partner klopft nun Ihren Rücken leicht mit den Fingerspitzen ab, wobei er an den Schultern beginnt und dann langsam nach unten bis in die Beckengegend wandert.

● Dort angekommen, streift er dreimal mit der flachen Hand langsam von oben nach unten über Ihren Rücken.

● Setzen Sie bewußt die Bauchatmung ein. Versuchen Sie, Ihre Atmung im unteren Rücken zu erspüren.

Entspannt atmen im Sitzen

▶ Nehmen Sie die richtige – drei Winkel – Sitzhaltung ein.

● Legen Sie die Hände in Nabelhöhe auf den Bauch.

● Nehmen Sie in dieser Haltung die Atembewegung wahr. Lassen Sie dann Ihre Hand weiterwandern, um festzustellen, wo in Ihrem Körper noch weitere Atembewegungen zu spüren sind.

● Ertasten Sie den gesamten Bauchraum, die Flanken, die Rippen, die Schultern und, soweit dies möglich ist, auch die Rückenpartien.

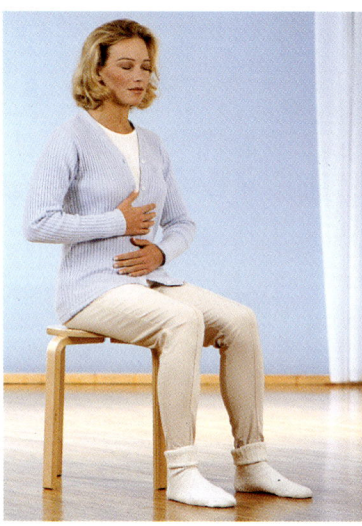

● Schließen Sie die Augen und konzentrieren Sie sich völlig auf Ihre Atmung.

Entspannt und tief atmen ■ Sie werden feststellen, daß Ihre Atmung mit zunehmender Entspannung ruhiger, langsamer und tiefer wird und daß auch Sie immer ruhiger und entspannter werden, je mehr Sie sich auf Ihre Bauch- und Flankenatmung konzentrieren.

Die Vollatmung

Wenn Sie das Gefühl haben, Ihre Atmung sei noch nicht ausreichend tief im Bauch-Flankenbereich angelegt, können Sie mit den folgenden Übungen den Atemvorgang intensivieren.

Übungen zur Vertiefung der Atmung Da bei diesen Übungen auch die Rippengegend mit in die Atmung einbezogen wird, bezeichnet man diese auch als Vollatmung.

● Stellen Sie sich eine besonders angenehm duftende Blume vor oder halten Sie eine Blume Ihrer Wahl in kurzem Abstand vor Ihre Nase.

● Lassen Sie den Duft dieser Blume langsam und tief mit dem Atem in Ihren Körper, bis in den letzten Winkel, einströmen. Bemühen Sie sich, Ihren ganzen Körper mit dem herrlichen Duft zu erfüllen.

● Die lange, tiefe Einatmung können Sie dann durch kurze, schnelle Atemzüge ersetzen. Schnuppern Sie, wie ein Hund an einem Knochen, an der wundervoll riechenden Blume.

Wohlgerüche intensivieren die Atmung.

■ Sie werden beobachten, wie diese lange oder auch kurze, in jedem Fall aber sehr intensive Atmung besonders den Bauchraum aktiviert. Damit haben Sie Ihr Ziel – die Vollatmung – erreicht.

Atemrhythmus und Atemmittellage

Jeder Atemvorgang ist drei-
geteilt. Wir atmen ein, atmen

Atmen bedeutet: einatmen, ausatmen, kurz inne-halten

die verbrauchte Luft wieder aus
und halten dann erst für einen
Moment inne, bevor wir erneut
einatmen.
Dieser Rhythmus ist außerordentlich wichtig und je bewußter er uns ist, umso leichter
gelingt es uns, die sogenannte
»Atemmittellage« einzuhalten,
das heißt, unsere Atmung zu
kontrollieren.

Atemrhythmus

▶ Setzen oder stellen Sie sich
entspannt hin (Seite 24 und 25).
Konzentrieren Sie sich auf Ihre
Atmung, und beobachten Sie
den Rhythmus, indem Sie Luft
einziehen, wieder abgeben und
wiederum einziehen.

■ Sie stellen dabei fest, daß Sie
nach dem Ausatmen eine kurze
Pause einlegen und erst dann
wieder Luft einatmen.

An diesem Rhythmus sind zwei
Dinge von Bedeutung: Zum
einen die Pause nach der Ausatmung und zum anderen die
Tatsache, daß die Ausatmung
länger dauert als die Einatmung:
Wir atmen fast doppelt so lange
aus wie ein.

Atemmittellage

● Setzen oder stellen Sie sich
entspannt, aber aufgerichtet hin.
● Atmen Sie normal ein und
dann möglichst langsam aus.
● Beim Ausatmen bilden Sie
ein hörbares /f/, /sch/ oder /s/ .
Die Ausatemphase sollte
10–15 Sekunden dauern.
● Unterstützen Sie die Ausatmung, indem Sie diese mit
einer weiten Armbewegung
verbinden. Das heißt, Sie be-
schreiben vom Brustkorb aus
mit beiden Armen einen Halb-
kreis vom Körper weg.
● Diese Armbewegung sollte
ebenso lange dauern wie die
Ausatmung, oder besser noch,
die Ausatmung möglichst in die
Länge ziehen.

**Beim Ein-
atmen die
Hände her-
anziehen ...**

... das Aus-
atmen mit
der Armbe-
wegung ver-
deutlichen.

Richtig Atmen und Sprechen

Wenn Sie sich eine alltägliche Situation, etwa ein Telefongespräch, vorstellen, so wird schnell deutlich, welche Bedeutung Atemrhythmus und Atemmittellage für unser Sprechen haben.

▶ Das Telefon klingelt, Sie nehmen den Hörer ab und melden sich mit Ihrem Namen. Sie werden, wenn Sie sich hierbei beobachten, feststellen, daß Sie für die Nennung Ihres Namens nicht zusätzlich Luft geholt haben. Auch wer nun noch ein »Guten Tag« oder »Was kann ich für Sie tun?« anhängt,

muß vorher nicht eine erhöhte Luftmenge aufnehmen. Solche kurzen Äußerungen können wir also mit der Luft erzeugen, die uns im Rahmen unserer Ruheatmung zur Verfügung steht.

Kurze Äußerung: die Luft der Ruheatmung reicht aus

▶ Wenn Sie nun ein unverbindliches Gespräch über das persönliche Wohlbefinden oder das Wetter führen, so können Sie dies mit einer nur unwesentlich größeren Luftmenge ebenfalls noch realisieren.

▶ Lassen Sie sich im Anschluß daran in eine Diskussion ein, bei der Sie längere Monologe führen oder sich ereifern, so benötigen Sie hierfür nun eine deutlich höhere Luftmenge.

Monolog oder Diskussion: mehr Atemluft

■ Die einzuatmende Luftmenge hängt davon ab, was damit »produziert« werden soll. Für wenige Worte reicht die Ruheatmung aus, für einen hitzigen Monolog benötigen Sie mehr Atemluft.

Richtige Dosierung der Atemluft

Viele Menschen holen auch für wenige Worte tief Luft oder sprechen umgekehrt mit einer zu geringen Luftmenge so lange, daß sie am Satzende nach Atem ringen.

Beides, zu viel und zu wenig Luft, erzeugt Verspannungen im Brust- und Halsbereich.

▶ Wenn Sie in diesem Bereich Probleme haben, sollten Sie sich angewöhnen, sich vor Sprechbeginn gedanklich auf den Gesprächsgegenstand vorzubereiten. Versuchen Sie, sich darüber klar zu werden, was Sie in welcher Form sagen möchten. Wenn Sie also wissen, daß es sich bei der nächsten Äußerung lediglich um einige Worte handelt, so können Sie sich aufwendiges Luftholen sparen.

Ausreichend Atempausen einlegen

Kennen Sie die Situation: Sie sprechen engagiert, wollen die Zuhörer mitreißen, reden und reden und stehen plötzlich ohne Luft da. Mit einem tiefen Atemzug gleichen Sie den Mangel aus und dann beginnt der Sprech-

marathon von vorne. Hierbei verspannt sich die Atemmuskulatur im Hals- und Brustbereich, was in der Regel negative Auswirkungen auf die Stimme hat.

■ Wenn Sie also merken, daß Sie nur eine geringe Menge Luft zur Verfügung haben, sollten sie rechtzeitig neuen Atem schöpfen. So entkrampfen Sie Ihre Rede und vermeiden zudem Atemverspannungen.

Rechtzeitig Atem schöpfen

Richtig Sprechen im Atemfluß

● Bemühen Sie sich, Ihr Sprechen gut vorzubereiten.
● Bauen Sie regelmäßig Atempausen in Ihren Vortrag ein.
● Sprechen Sie langsam und atmen Sie nicht zu tief ein.

■ Im Idealfall sollte der Atem von selbst einströmen, ein aktives Luftholen nicht nötig sein.

Bitte beachten Sie

Im Sitzen reden

Wenn Sie im Sitzen eine Rede halten, ein Verkaufsgespräch führen oder eine wichtige Unterredung bestreiten müssen, so nehmen Sie die »Drei-rechte-Winkel«-Sitzhaltung ein. Diese verhilft Ihnen zu einem optimalen Atemfluß und Atemrhythmus. Die Voraussetzungen für richtiges Atmen und Sprechen sind dann auch im Sitzen gewährleistet.

Entspannungs- und Lockerungs- übungen

Ein entspannter Körper ermöglicht entspanntes Atmen und Sprechen. Bevor Sie also mit dem Stimm- und Sprechtraining beginnen, empfiehlt es sich, einige der folgenden Entspannungstechniken anzuwenden. Einige dieser Übungen dienen dazu, den gesamten Körper zu lockern, mit anderen entspannen Sie gezielt jene Muskeln und Körperpartien, die beim Stimm- und Sprechtraining besonders beansprucht werden. Zu dieser letzten Gruppe gehören auch die sogenannten »emotionalen Übungen« wie das Seufzen oder Lachen.

Zuerst entspannen, dann üben

Den ganzen Körper entspannen

Wer sich schon einmal in die fachkundigen Hände eines Masseurs begeben hat, weiß, wie sehr eine solche Massage den Körper entspannt, die Muskeln lockert und das allgemeine Wohlbefinden erhöht. Und auch wer Yoga oder Autogenes Training ausprobiert hat, weiß, wie wohltuend dies für Körper,

Mit Massage, ...

Yoga und Autogenem Training ...

Geist und Seele ist. Die folgenden zwei Übungen können Sie problemlos alleine durchführen und in Ihren Alltag integrieren und damit jederzeit und überall Ihr körperliches und seelisches Wohlbefinden erhöhen.

... zu körperlichem und seelischem Wohlbefinden

Ballmassage

Bei der ersten Übung handelt es sich um eine Art Selbstmassage, bei der die geschulten Hände des Masseurs durch einen Ball ersetzt werden.
Diese Übung kann sowohl im Stehen wie auch im Liegen ausgeführt werden.

Ballmassage im Stehen

Der Grad der Verspannung und die daraus resultierenden Schmerzen bestimmen die Größe des Balls: je stärker Ihre Verspannungen sind, desto größer sollte der Ball sein und umgekehrt.

▶ Stellen Sie sich bei dieser Übung mit dem Rücken zur Wand und klemmen Sie dann den Ball zwischen die Wand und Ihren Rücken.

Entspannungs- und Lockerungsübungen

● Beginnen Sie in Schulterhöhe und lassen Sie den Ball dort kreisend ein wenig wandern. Um den Ball gleichmäßig zu bewegen, gehen Sie etwas in die Knie und schwingen Ihren Körper kreisförmig. Diese Bewegung geht von Ihren Knien und Ihrer Hüfte aus und sollte möglichst fließend sein.

● Sie können den Druck des Balls variieren, indem Sie sich stärker oder schwächer gegen die Wand lehnen.

Ruhig und entspannt atmen

● Achten Sie darauf, während der Übung ruhig und entspannt zu atmen (Bauchatmung!). Je mehr Sie sich auf Ihren Atemfluß beziehungsweise auf Ihre Atmung konzentrieren, desto lockerer sind Sie und desto schneller verschwinden Ihre Verspannungsschmerzen.

● Wenn Sie das Gefühl haben, die Verspannungen in den Schultern lockern sich, lassen Sie den Ball langsam den Rücken hinunterwandern. Wenn Ihnen das zu schwierig ist, können Sie den Ball auch mit der Hand an eine andere Stelle legen.

● Fahren Sie dort mit den kreisenden Bewegungen fort und verändern Sie dabei immer wieder den Druck.

● Diese Übung können Sie auch an den Armen, am Nacken und am Becken durchführen, wenn Sie dort Verspannungen spüren.

Bitte beachten Sie

Beginnen Sie bei einem mittleren Verspannungsgrad probehalber mit einem Tennisball.
Sobald Sie den Eindruck haben, die Schmerzen, die während der Übung entstehen, werden zu stark, wählen Sie einen größeren Ball.

Wichtig: je stärker die Verspannung, desto größer der Ball!

Ballmassage im Liegen

Im Gegensatz zur Ballmassage im Stehen bestimmt bei dieser Übung Ihr Körpergewicht den Druck, der auf den Ball ausgeübt wird. Ideal für diese Übung ist ein Tennisball, größere Bälle sind ungeeignet.

▶ Legen Sie sich auf den Rücken und den Ball unter einzelne Körperteile. Beginnen Sie zunächst nur mit einem Ball, dann mit zwei Bällen unter beide Körperhälften.

● Beginnen Sie am Unterschenkel und lassen den Ball zentimeterweise nach oben wandern – über Knie und Oberschenkel bis zum Becken. Dafür rutschen Sie mit dem ganzen Körper nach unten, so daß sich der Ball nach oben bewegt. Fahren Sie über den Rücken bis zum Kopf hin fort.

Den Ball von unten nach oben wandern lassen

● Nehmen Sie nun einen zweiten Ball. Wiederholen Sie die Übung, indem Sie die Bälle parallel unter beiden Körperseiten wandern lassen.

Bitte beachten Sie

Die Bälle dürfen niemals unter Knochen oder Nerven, vor allem nicht unter der Wirbelsäule liegen. Das verursacht Schmerzen und ist auch nicht ganz ungefährlich.

Nehmen Sie sich für beide Übungen viel Zeit. Besonders die im Liegen ausgeführte Übung benötigt innere Ruhe und Gelassenheit. Atmen Sie ruhig und entspannt, stellen Sie leise Musik an und lassen Sie sich 15–25 Minuten Zeit, wenn Sie den Ball unterhalb des ganzen Körpers wandern lassen. Die Ballmassage, ob im Stehen oder Liegen ausgeführt, lockert Muskelverspannungen und lindert somit Verspannungsschmerzen. Beginnt man rechtzeitig mit diesen Übungen, dann kommt es erst gar nicht zu ernsten Beschwerden. Dies gilt ebenfalls für die folgende Übung, die Progressive Muskelentspannung oder Progressive Relaxation.

Rechtzeitig vorbeugen hilft

Progressive Muskelentspannung

Die Progressive Muskelentspannung ist eine Methode zur inneren Entspannung, die durch eine willentliche, starke Anspannung und nachfolgende Entspannung aller Muskelgruppen erfolgt. Zahlreiche Bücher stellen diese Methode sehr ausführlich dar, so daß hier nur die Teile beschrieben werden, die sich auf die Artikulationsorgane und damit auf die Stimme und das Sprechen beziehen. Die Progressive Muskelentspannung ist schnell erlernbar. Neben einer körperlichen bewirkt sie auch eine innere Entspannung, die hilft, Streß besser zu verarbeiten und hinter sich zu lassen.

Zuerst anspannen, dann entspannen

Bitte beachten Sie

Die Progressive Relaxation ist eine Entspannungstechnik, die schnell zum gewünschten Erfolg führt. Etwas mehr Übung erfordert dagegen das Autogene Training, es sorgt dafür aber auch dauerhafter und intensiver für innere Entspannung. Dafür sollten Sie sich jedoch mehr Zeit nehmen und diese Technik unter Anleitung in 8 bis 12 Sitzungen erlernen. Volkshochschulen bieten entsprechende Kurse an, deren Kosten von einigen Krankenkassen auch übernommen werden.

Die Progressive Muskelentspannung

Vorbereiten der Progressiven Muskelentspannung

Auf den folgenden Seiten ist ein Anleitungstext vorgegeben. Lesen Sie diesen zunächst durch und sprechen Sie ihn auf Band. Dabei können Sie den von Ihnen gewünschten zeitlichen Ablauf der Übung selbst bestimmen und sich währenddessen völlig entspannen.

● Achten Sie beim Besprechen des Bandes unbedingt darauf, daß die Anspannungsphasen etwa 10 Sekunden und die Entspannungsphasen mindestens 20–30 Sekunden betragen.

Ist Ihnen am Anfang eine Anspannung von 10 Sekunden zu lang, verkürzen Sie auf 3–6 Sekunden.

Was sollten Sie beim Üben beachten?

Muskeln können zwar lernen, sich zu entspannen, doch leider nur langsam. Besonders wirksam sind die folgenden Übungen, wenn Sie sich an diese zwei Regeln halten:

● Regelmäßig zu üben ist oberstes Gebot. Am besten üben Sie zu festen Zeiten, zu Beginn mindestens jeden zweiten Tag. Wenn Sie das Programm beherrschen, können Sie es gezielt vor einer Rede oder einem Vortrag einsetzen.

● Üben Sie immer in der gleichen Reihenfolge, am besten halten Sie sich an das folgende Programm.

So führen Sie die Progressiven Muskelentspannung durch

Normalerweise führt man die Progressive Relaxation im Liegen durch, für die hier benannten Übungen können Sie jedoch auch ebenso gut bequem sitzen.

● Schalten Sie nun das Tonband ein und folgen Sie dem vorgegebenen Anleitungstext.

■ Die Progressive Muskelentspannung können Sie auch gut vor dem Zubettgehen durchführen, um eine tiefe Entspannung zu erreichen. Sie werden überrascht sein, wie gut Sie danach einschlafen können!

Entspannung des Gesichts mit Nacken, Schultern und oberem Rücken

Setzen Sie sich ruhig und bequem zurück.
Lassen Sie alle Muskeln locker und schwer werden.

▶ *Runzeln Sie die Stirn, runzeln Sie sie stärker und stärker.*

Die Augenbrauen zusammenziehen.

Runzeln Sie Ihre Stirn.

▶ *Kneifen Sie die Augen fester und fester zusammen. Fühlen Sie die Spannung.*

● Entspannen Sie die Stirn, lassen Sie sie locker und glatt werden. Beobachten Sie, wie die Stirnhaut immer lockerer wird, je mehr Sie sich entspannen.

▶ *Ziehen Sie die Augenbrauen zusammen und beobachten Sie die Spannung.*
● Beenden Sie die Anspannung. Lassen Sie die Stirnhaut wieder locker werden.

Die Augen zusammenkneifen.

● Entspannen Sie die Augen-
partie. Halten Sie die Augen
ruhig und locker geschlossen
und beobachten Sie die Entspannung.

▶ *Beißen Sie die Zähne fest
aufeinander, spannen Sie die
Kiefermuskulatur und beobachten Sie die Spannung in den
Kiefermuskeln.*

**Die Zähne
zusammen-
beißen.**

● Entspannen Sie die Kie-
fermuskulatur. Lassen Sie
dabei die Lippen leicht offen.
Genießen Sie die nun spür-
bare Entspannung.

▶ *Pressen Sie die Zunge fest
gegen den Gaumen. Beobachten
Sie die Spannung.*
● Lassen Sie die Zunge wieder
locker und entspannt werden.
Lassen Sie die Entspannung
auf jeden Fall eine Weile
nachwirken.

▶ *Spitzen Sie die Lippen,
pressen Sie die Lippen fester
und fester zusammen.*

**Die Lippen
spitzen und
zusammen-
pressen.**

● Entspannen Sie die Lippen.
Beobachten Sie wieder den
Unterschied zwischen An-
spannung und Entspannung.
Beobachten Sie die Entspannung im ganzen Gesicht, an
der Stirn, der Kopfhaut, den
Augen, der Kiefermuskulatur,
an Lippen, Zunge und Hals.
Die Entspannung breitet sich
immer weiter aus.

▶ *Nun beobachten Sie die
Nackenmuskulatur. Drücken Sie
den Kopf so fest wie möglich
zurück und beobachten Sie die
Spannung im Nacken. Rollen Sie
den Kopf zur rechten Schulter
und beobachten Sie, wie die
Spannung wechselt. Nun rollen
Sie den Kopf zur linken Schulter.
Richten Sie den Kopf wieder auf*

und beugen Sie ihn dann nach vorne, pressen Sie das Kinn gegen die Brust.

Den Kopf in den Nacken drücken.

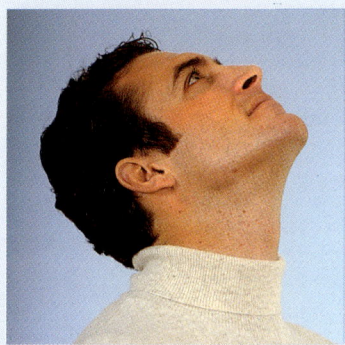

Die Schultern hochziehen und nach vorne drehen.

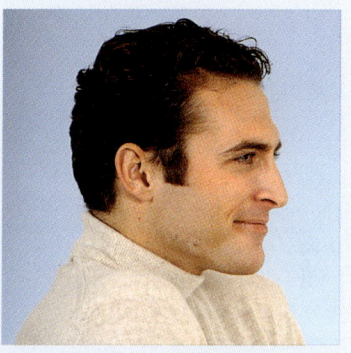

● Richten Sie den Kopf wieder bequem auf und beobachten Sie die Entspannung. Lassen Sie die Entspannung sich weit ausbreiten.

▶ *Nun ziehen Sie die Schultern hoch, ganz hoch. Halten Sie die Spannung.*
● Lassen Sie die Schultern fallen und beobachten Sie die Entspannung. Nacken und Schultern entspannen sich.

▶ *Ziehen Sie die Schultern noch einmal hoch, ganz fest, und drehen Sie sie nach vorne und zurück. Beobachten Sie die Spannung in den Schultern und im oberen Rücken.*

● Nun lassen Sie die Schultern wieder fallen und entspannen sich. Lassen Sie die Entspannung bis in die Schultern und Rückenmuskeln wirken. Entspannen Sie Nacken und Hals, Kiefermuskulatur und die gesamte Gesichtspartie. Beobachten Sie, wie sich die Entspannung ausbreitet und immer tiefer wird.

Genießen Sie nach all diesen Übungen die Entspannung noch einige Zeit, dann holen Sie sich wieder bewußt in Ihre Umgebung zurück:
● Strecken Sie sich, gähnen Sie, öffnen Sie die Augen und stehen Sie langsam auf.
● Gehen Sie ein wenig umher, bis Sie ganz sicher sind, daß Sie wieder richtig wach geworden sind.

Entspannen Sie gezielt!

Die nachfolgenden Übungen eignen sich besonders gut als kleine Lockerungsübungen vor, während und nach jedem Stimm- und Sprechtraining. Sie können diese Übungen aber auch jederzeit nutzen, um sich auf ein wichtiges Gespräch vorzubereiten oder sich für eine längere Rede »sprechfit« zu machen.

Das entspannt und macht »sprechfit«

Lockerung der Kiefermuskulatur

Wenn Sie Ihre Kiefermuskulatur einmal richtig lockern möchten, sind dafür besonders zwei Übungen, das »Kieferschütteln« sowie die Kiefermassage, geeignet.

Das »Kieferschütteln«

▶ Stellen Sie sich locker, mit leicht gespreizten Beinen hin. Lassen Sie Ihren Oberkörper nach vorne fallen und Ihre Arme hängen.
● Lassen Sie auch Ihren Kopf locker hängen und entspannen Sie Ihren Kiefer.
● Nun schütteln Sie Ihren Kopf kräftig und lassen den Unterkiefer dabei locker mitschwingen.

Die Kiefermassage

▶ Streichen Sie mit Ihren Handballen auf beiden Seiten des Kopfes von den Schläfen abwärts über die Kiefergelenke.
● Lassen Sie hierbei den Unterkiefer locker fallen.

Den Kiefer nach unten streichen.

● Die Gelenke ziehen sich durch die Streichbewegung der Hände auseinander – das Gesicht wird länger und länger.
● Abschließend können Sie die Kiefergelenke mit den Fingerspitzen sanft in kleinen, kreisenden Bewegungen massieren. Die Kiefer sollten dabei leicht geöffnet, die Lippen jedoch locker geschlossen sein.

Spaß beim Üben!

Suchen Sie sich für diese Übungen einen Partner – so werden Ihre Muskeln zudem durch Ihr Lachen entspannt!

Lockerung der Lippen

▶ Jede der folgenden Übungen sollten Sie 5 bis 10mal durchführen:

1 Ziehen Sie die Lippen wie beim Lächeln auseinander und spitzen Sie sie dann nach vorne. Wechseln Sie zwischen diesen Stellungen erst langsam, dann immer schneller. Sie können diese Übung sowohl mit geöffneten als auch mit geschlossenen Lippen durchführen.

2 Pressen Sie die Lippen ganz fest aufeinander, als ob Sie Nahrung verweigern wollten. Halten Sie diese Spannung für einige Sekunden und lösen Sie sie wieder. Wechseln Sie zuerst langsam, dann immer schneller zwischen An- und Entspannung.

3 Ziehen Sie die untere Lippe im Wechsel nach vorne vor die Oberlippe und wieder nach hinten. Halten Sie den Unterkiefer dabei möglichst ruhig.

Die Lippen erst auseinanderziehen ....

Unterlippe vor und hinter die Oberlippe schieben.

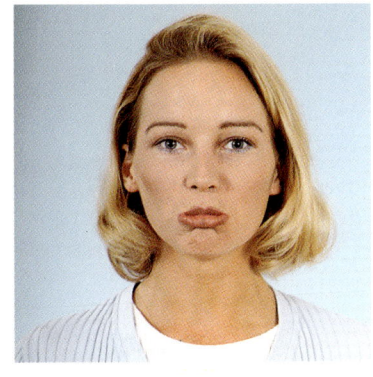

... und dann spitzen. Schnell wechseln.

4 Ziehen Sie die Unterlippe über die Oberlippe nach oben und stülpen Sie sie zum Wechsel nach unten.

5 Legen Sie die Lippen mit ganz leichtem Druck aufeinander, und blasen Sie dann kräftig Luft hindurch.

Lockerung der Zunge

▶ Auch die folgenden Übungen führen Sie etwa 10mal durch:

1 Strecken Sie die Zunge weit aus dem Mund und ziehen Sie sie wieder ein. Führen Sie diese Übung erst langsam, dann immer schneller aus.

2 Strecken Sie die Zunge nach rechts und links aus den Mundwinkeln.

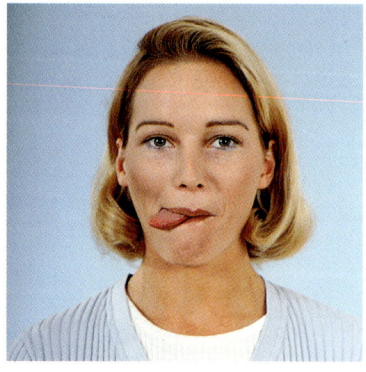

Die Zunge nach rechts und links strecken.

3 Kreisen Sie mit der Zunge vor dem Mund.

4 Betasten Sie mit der Zunge die Zähne (alle einzeln), die Wangeninnenseiten und die Gaumenabschnitte.

5 Stoßen und drücken Sie mit Ihrer Zunge von innen kräftig gegen die Wangenwände.

6 Versuchen Sie, mit Ihrer Zunge die Nasenspitze oder das Kinn zu erreichen.

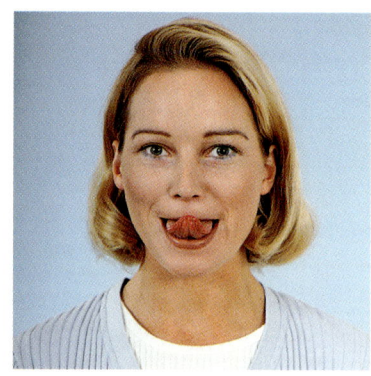

Mit der Zunge die Nasenspitze berühren.

Lockerung der Hals- und Schultermuskeln

▶ Drehen Sie Ihren Kopf von links nach rechts und von vorne nach hinten, als wollten Sie Ihre Schultern beziehungsweise Ihre Brust und Ihren Rükken mit dem Kopf berühren.

● Drehen Sie dann den Kopf langsam und bewußt von links nach rechts, legen Sie ihn aber nie in den Nacken.

● Lassen Sie in gleicher Weise Ihre Arme und Schultern kreisen, zunächst nach vorne und hinten, im Anschluß daran nach oben und unten.

● Zuletzt drehen Sie die Arme wie Windmühlenflügel, zunächst seitlich neben und dann auch vor dem Körper.

Einige emotionale Übungen

Jede seelische Regung – das Lachen ebenso wie das Seufzen – zieht eine körperliche Reaktion nach sich. Darauf basieren die emotionalen Übungen. Bewußt eingesetzt, bewirken diese Gemütsregungen eine ganzheitliche Lockerung des Rachen- und Mundraumes sowie eine Lockerung und Tiefstellung des Kehlkopfs.

Das Seufzen

Für ein tiefes Seufzen gibt es im wesentlichen zwei auslösende Situationen:

● Zum einen können wir in einer echten Krise stecken, in der es uns sehr schlecht geht. Wir haben Schmerzen oder sind traurig und verzweifelt. Ein Seufzen kann in dieser Situation die große Verzweiflung ausdrücken, die die Brust zuschnürt oder auf den Magen drückt. Durch die heftige und unüberhörbare Ausatmung machen wir unserer Trauer oder Wut Luft und teilen unseren Mitmenschen mit, wie schlecht wir uns fühlen. Wir geben damit auch ein Zeichen, daß uns jetzt beim Tragen der Last jemand helfen sollte.

Seufzen lindert den Schmerz

● Der zweite Auslöser des Seufzens kann ein Moment grenzenloser Erleichterung sein. Ob wir gerade eine Prüfung hinter uns haben, ob der Zahnarzt »gar nicht gebohrt hat« oder eine Handwerkerrechnung unerwartet niedrig ausgefallen ist, immer sind wir hinterher in einer Stimmung der Euphorie. Von jetzt auf gleich fühlen wir uns wundersam erleichtert, die sprichwörtlichen Steine fallen uns vom Herzen, der Ring um unseren Brustkorb öffnet sich und alles, was sich in den letzten Minuten an Verkrampfung aufgebaut hat, wird mit einem »Seufzer der Erleichterung« der Vergangenheit übergeben.

Beim Seufzen rollen die Steine vom Herzen

■ In beiden Fällen bedeutet das Seufzen eine Erleichterung, die körperliche Anspannung löst sich. Negative körperliche Empfindungen bessern sich. Durch die intensive lautliche Ausatmung lösen sich aber auch Spannungen im Kehlkopf sowie im gesamten Halsbereich. Der Unterschied zwischen beiden Situationen besteht lediglich darin, daß in der ersten die Spannung damit nicht restlos beseitigt, sondern nur für einen Moment verringert wurde, während in der zweiten Situation die Spannung sozusagen »zu den Akten« gelegt wird.

In beiden Fällen: Die Spannung löst sich

Bewußt seufzen

Wir können die Vorgänge des Seufzens für eine bewußte Entspannung und somit auch Lockerung des Kehlkopfes nutzen, auch ohne notwendigerweise vorher eine Prüfungssituation zu bewältigen, Sicherlich benötigt niemand eine genaue Vorgangsbeschreibung für das Seufzen. Dennoch soll hier kurz das Wichtigste dazu gesagt werden:

Seufzen wie im »richtigen Leben«

▶ Zu Beginn atmen Sie etwas tiefer ein als Sie es normalerweise tun. Dann stellen Sie sich eine Situation größter Erleichterung vor und seufzen, wobei Sie einen Ton, ähnlich einem dunklen /e/ bilden.

● Zur Verstärkung dieser Vorstellung können Sie sich auch wie nach einer großen körperlichen Anstrengung oder seelischen Anspannung erleichtert in einen Sessel oder auf einen Stuhl fallen lassen und dabei ein Seufzen produzieren.

■ Dieses Seufzen lockert nicht nur den gesamten Kehlkopfbereich, sondern auch die an der Artikulation beteiligten Muskeln von Zunge und Kiefer!

Das Lachen

Jeder weiß, daß Lachen die beste Medizin ist, egal, welche Erkrankung oder welches Leiden kuriert werden soll. Zu unserem Stimmtraining kann das Lachen beitragen, daß es die gesamte Körpermuskulatur auf eine besonders angenehme Weise lockert. Das Übungslachen nun kann auch ohne äußere Anregung erzeugt werden.

Lachen ist die beste Medizin

▶ Dazu nehmen Sie einfach die üblichen Lachlaute, die Sie beim Lachen produzieren und schleudern sie, ähnlich wie beim Atemwurf (Seite 53), intensiv von sich.

● Noch wirkungsvoller wird die Übung, wenn Sie tatsächlich lachen müssen: Vielleicht reicht bei Ihnen die Vorstellung an ein »echtes« Lachen aus, oder stellen Sie sich eine komische Situation vor, die Sie schon einmal erlebt haben!

● Anderenfalls bilden Sie einfach »Lachreihen«, indem Sie hinter ein /h/ nacheinander alle Vokale anhängen und die so entstandenen Lautverbindungen unterschiedlich intensiv produzieren.

Eine derartige »Lachreihe«
könnte sich wie folgt darstellen:

> ha – ha – ha – ha
>
> he – he – he – he

■ Übungen wie das Seufzen
oder das Lachen werden auch
als »Vitalimpulse« bezeichnet.
Sie sind sind für die Stimmtherapie besonders geeignet, da sie
unkompliziert und besonders
einfach sind und man daher
eigentlich nichts verkehrt
machen kann.

Sie können sie besonders zur
schnellen Lockerung des gesamten Körpers, insbesondere des
Zwerchfells, der Bauchmuskula-
tur sowie der Kehlkopfregion
einsetzen.

Bitte beachten Sie

Ein weiterer Vitalimpuls zur Lösung von Spannungen ist das
Weinen. Es ist also völlig verkehrt, Weinen als einen Ausdruck
der Schwäche anzusehen und es darum möglichst zu unter-
drücken. Dieses Verhalten beschwört Verspannungen geradezu
herauf, weil Probleme dann oft »wie ein Kloß im Hals« sitzen
bleiben. Wenn Sie also das Gefühl haben, alle Probleme der
Welt brechen über Sie herein und Seufzen alleine hilft nicht
mehr, dann weinen Sie sich ruhig die Schwierigkeiten von der
Seele. Wissenschaftler haben zudem festgestellt, daß neben
Lachen auch echtes Weinen einen positiven Einfluß auf die
menschliche Gesundheit hat!

Auch für die
Stimme ist
Lachen
gesund.

Trainieren Sie Ihre Stimme

Sagen Sie »Ja« zu Ihrer Stimme, identifizieren Sie sich mit dem, was Ihre Kehle »von sich gibt« und gehen Sie möglichst unbeschwert damit um! Nicht jeder kann eine Traumstimme haben, aber wir alle können an unserer Stimme arbeiten, denn zum Glück ist sie uns nicht angeboren, sondern von klein auf antrainiert. Das heißt natürlich nicht, daß wir auch Störungen und Beeinträchtigungen durch Krankheiten oder Überbelastung akzeptieren müssen. Die im folgenden vorgestellten Übungen werden Ihnen helfen, Ihre Stimme neu zu entdecken und zu verbessern, aber auch Überanstrengungen vorzubeugen – damit Stimme und Person immer im Einklang sind.

Trainingsprogramm für Stimme und Sprechen

Die Stimm- und Sprechübungen dieses Trainingsprogramms haben zum Ziel, die gesunde Stimme zu pflegen, einer Schädigung der Stimme entgegenzuwirken sowie Ihrer Stimme mehr Ausdruckskraft zu verleihen. Weitere gezielte Sprechübungen erhöhen die Leistungsfähigkeit Ihrer Stimme, so daß sie auch in besonderen Situationen Belastungen standhält sowie klangvoll und ausdrucksstark bleibt.

Fünf Trainingsschwerpunkte

Die Übungen sind in fünf Trainingsschwerpunkte gegliedert:
● Stimmkräftigung, damit Sie sich mit einer kräftigen Stimme sicher und entspannt Gehör verschaffen können.
● Stimmfülle, um Ihrer Stimme zu mehr Wohlklang und Tragfähigkeit zu verhelfen.
● Stimmlage und Stimmumfang, so daß Sie Ihre Stimme beim Sprechen verändern und somit dem, was Sie sagen, mehr Nachdruck verleihen können.
● Artikulation, damit Sie für Ihren Gesprächspartner oder Ihre Zuhörer gut verständlich sind und diese Ihnen entsprechend ohne große Anstrengung folgen können.

● Ganzheitliches Sprechen, damit bringen Sie Bewegungsabläufe des Körpers, des Stimm- und Sprechapparats in Gleichklang und können gleichzeitig einseitige Belastungen und somit Verspannungen beim Sprechen verhindern.

Im abschließenden Kapitel dieses Trainingsprogramms finden Sie dann noch einige Hinweise und Anleitungen für die Alltagspraxis, zum Beispiel: tägliche Stimmpflege, Entspannung vor, während und nach großen stimmlichen Anstrengungen oder Vorbereitung einer Rede.

Tips für den Alltag: Stimmpflege, Vorbereitung einer Rede

Acht Tips fürs richtige Üben

● Nehmen Sie sich für jede Trainingseinheit genügend Zeit und Ruhe.
● »Ein voller Bauch parliert nicht gern!« Legen Sie Ihre Übungszeiten also nicht in Anschluß an eine größere Mahlzeit.
● Ziehen Sie bequeme Kleidung an. Achten Sie darauf, daß vor

allem Ihr Atem ungehindert fließen kann.

● Sie können viele der Übungen auch mit einem Partner durchführen: gemeinsam üben fördert das Lachen, dieses wiederum die Entspannung. Bei einigen der Atemübungen brauchen Sie auch einen Partner.

● Trainieren Sie langsam und genau. Achten Sie dabei darauf, daß Ihr Körper, Ihre Atmung, Ihre Stimme entspannt bleiben.

● Ergänzen Sie das Stimm- und Sprechtraining durch Lockerungs- und Entspannungsübungen, am besten vor und nach jeder Trainingseinheit.

● Üben Sie regelmäßig. Nur »Aus-Dauer« verbessert »auf Dauer« die Stimme.

● Bei allem Stimmtraining sollten Sie jedoch nie vergessen, daß ein ständiges Hinhören auf die eigene Stimme mit der Vorstellung »Irgend etwas ist bestimmt falsch!« eher verkrampfend wirkt, als daß es nutzt.

Stimmkräftigung

Lautes Sprechen strengt an. Diese Anstrengung macht sich durch Verspannungen im Kehlkopfbereich sowie im Hals bemerkbar. Das muß nicht sein: Lernen Sie mit Hilfe von Lockerungs-, Atem- und Sprechübungen derartige Anspannungen zu vermeiden, auch wenn Sie länger laut sprechen müssen. Der Kehlkopf bewegt sich beim Sprechen im Hals auf und ab;

Bitte beachten Sie

Sobald Sie beim Üben die ersten Anzeichen von Anstrengung oder Verkrampfung im Hals verspüren, beenden Sie die jeweilige Übungsphase sofort. Anstrengung ist gut, aber jede Überanstrengung muß vermieden werden!

Überanstrengungen meiden!

Achten Sie unbedingt darauf,

● daß Ihre Zunge immer locker auf dem Mundboden liegt und nie gegen den Gaumen gepreßt wird.

● daß Sie Ihre Zähne nicht zusammenbeißen. Dies erzeugt Spannungen, die bis in den Hals- und Kehlkopfbereich vordringen und die eine von Ihnen mühsam »ergähnte« Lockerung zunichte machen.

je höher die Töne sind, die wir bilden, um so höher wandert auch der Kehlkopf. Kommt es durch zu lautes Sprechen zu einer starken Anspannung, kann das schnell zu Fehlspannungen im Kehlkopf- und Halsbereich führen. Dadurch wird eine lockere Federung sowie eine Tiefstellung des Kehlkopfs verhindert. Die Folge: Der Kehlkopf wird nicht nur zeitweise, sondern ständig zu hoch gehalten. Dieser Fehlstellung können Sie mit Hilfe der nachfolgenden Übungen entgegenwirken. Die Pleuel-Übung sowie das Höflichkeitsgähnen sind darüberhinaus hervorragend geeignet, den Kehlkopf- und Halsbereich zu lockern und stellen somit auch eine sehr gute Vorbereitung für die aufwendigere Atemwurf-Übung dar.

Bitte beachten Sie

Schließen Sie das Stimm- und Sprechtraining nie mit einer anstrengenden und stark muskelbeanspruchenden Übung ab. Beenden Sie die Trainingssequenzen immer mit entspannenden und muskellösenden Einheiten, so daß Sie stets lokker in Ihren Alltag zurückkehren.

Immer mit einer Entspannungsübung enden

Pleuel-Übung

In der einleitenden Übung dieses Trainingsabschnitts geht es ganz gezielt darum, den hinteren Zungenbereich und die von dort nach unten führende Muskulatur zu lockern. Mit dieser Übung können Sie den Kehlkopf- und den Halsbereich gezielt entspannen.

Die Pleuel-Übung lokkert die Zungenmuskulatur.

▶ Legen Sie Ihre Zungenspitze an den unteren, hinteren Rand Ihrer unteren Schneidezähne.
● Lassen Sie den übrigen Zungenkörper über die untere Zahnreihe möglichst zügig aus dem Mund schnellen.
● Diese Bewegung führen Sie in steigendem Tempo mehrere Male hintereinander aus.

Höflichkeitsgähnen

Entspannt Hals-, Rachen- und Mundraum

Hätten Sie gedacht, daß Sie mit Gähnen Ihren Hals-, Rachen- und Nasenraum entspannen können und das auch noch Ihrem Kehlkopf zugute kommt? Das alles erreichen Sie durch ein nur unterdrückt zum Ausdruck gebrachtes Gähnen, das sogenannte »Höflichkeits-Gähnen«.

Bewußt gähnen

»Bewußt gähnen« können Sie wie folgt üben:

▶ Um ein Gähnen zu provozieren, pressen Sie Ihre Zunge für einige Sekunden an den Gaumen oder berühren mit der Zungenspitze verschiedene Punkte des Gaumens. Sie können die Zunge auch nach unten oder oben wölben und eine gedachte Luftblase darüber hinweggleiten lassen. Gähnen Sie nun mit geschlossenen Lippen.

■ So wird Ihr Hals-, Rachen- und Mundraum gut geweitet und Ihr Kehlkopf so tief wie möglich gestellt.

Bitte beachten Sie

Vorsicht mit dem Übungszeitpunkt! Es ist leichter, das Gähnen einzuleiten als es abzustellen!

Atemwurf

Die im folgenden beschriebene Übung heißt »Atemwurf«. Sie bezweckt eine lockere Federung und Tiefstellung des Kehlkopfes sowie eine Weitung des Rachen- und Mundraums während des Sprechens.

Lockerung und Tiefstellung des Kehlkopfs

1. Der Atemwurf sorgt über eine reflektorische Bewegung des Zwerchfells nach jedem Sprechabschnitt für eine automatische Tiefstellung des Kehlkopfs. Dadurch kommt es zu einem dauerhaften Schwingen oder Hüpfen des Kehlkopfs.

2. Grundvoraussetzung des Atemwurfes ist eine schnelle, einwärtsgerichtete Bewegung der Bauchdecke zu Beginn der Lautgebung, wodurch besonders der erste, betonte Vokal einer Aussage unterstützt wird. Vokale oder Selbstlaute sind die Buchstaben a, e, i, o, u.

3. Der Atemwurf ist eine Sprechübung, die beim normalen Sprechen nicht angewandt wird. Sobald also für eine dauerhafte Tiefstellung des Kehlkopfes gesorgt ist, wird diese Übungssprache wieder abgebaut.

▶ Achten Sie deshalb bei allen Atemwurfübungen auf die Stel-

lung Ihres Kehlkopfes, so daß
Sie dieselbe Stellung – tief und
locker – auch ohne den Atemwurf herstellen können. Ein Tip:
Denken Sie an den Atemwurf,
wenn Sie, ohne die Stimme
übermäßig zu belasten, sehr laut
sprechen wollen. Ein weiteres
Bild, das vielen hilft, sich den
Atemwurf vorzustellen, ist ein
»Sprach-Teddybär«: Drückt man
auf seinen Bauch, fängt er zu
sprechen an.

Aufbau des Atemwurfs

Der erste Schritt

**Grund-
stellung:
entspannt
stehen**

▶ Kontrollieren Sie bei den
folgenden Übungen mit Ihrer
Hand die Einwärtsbewegung
Ihrer Bauchdecke.

● Sie stehen entspannt und
geben kurze, kräftige Luftstöße
durch den Mund von sich.
Stellen Sie sich vor, zum Beispiel eine Kerze auszublasen
oder ein Wattebällchen vor
sich herzupusten.

● Bilden Sie nach diesen ersten
Luftstößen bei der Ausatmung
ein kräftiges /p→h/ und löschen
Sie damit tatsächlich eine Kerze.

● Als Variante können Sie auch
einen Hund imitieren, der ein
freudiges /wuf/ oder /wau/
von sich gibt. Ein anderer,
besonders geeigneter Laut
ist auch /hop/ .

● Regulieren Sie die Lautstärke
dieser Worte ausschließlich
mit der Einwärtsbewegung Ihres Bauches. Bei jedem dieser
Laute muß Ihre Bauchdecke
eine kräftige, plötzliche Bewegung nach innen vollziehen –
kontrollieren Sie dies mit Ihrer
Hand! Stellen Sie sich, wenn
nötig, den Teddybär vor, der
auf Bauchdruck spricht!

● Kombinieren Sie den Laut
/hop/ oder /hep/ mit der
Bauchbewegung und kontrollieren Sie diese mit Ihrer Hand.

**Mit dem
Atemwurf
eine Kerze
ausblasen.**

■ Ihre Stimme muß »aus dem Bauch kommen«. Sie müssen, bei richtiger Durchführung der Übung, eine enorme Lautstärke produzieren können. Darüber hinaus sollte Ihre Stimme sehr entspannt und tief klingen.

Ganzkörper-liche Unter-stützung

Die Atemwurf-Übung kann zusätzlich durch großflächige Arm- oder Körperbewegungen unterstützt werden. Federn Sie dabei wie beim Skifahren ein wenig in den Knien. Schwenken Sie die Arme vor dem Körper oder drehen Sie sie seitlich neben dem Körper wie Windmühlenflügel schwungvoll in großen Kreisen.

■ Eine solche ganzkörperliche Aktion unterstützt zusätzlich den Zwerchfelleinsatz beim Atemwurf. Ihre Stimme wird dadurch noch etwas lauter und ausdrucksvoller.

Der zweite Schritt

▶ Kombinieren Sie nun den Atemwurf mit kurzen Silben wie /ho, ho, ho/; /he, he, he/; /ha, ha, ha/ ; /hu, hu, hu/ ...

● Kontrollieren Sie jeweils die Bauchdeckenbewegung mit der aufgelegten Hand. Verändern Sie Ihre Lautstärke durch einen stärkeren, dann wieder geringeren Einsatz Ihrer Bauchkraft.

● Bilden Sie nun auch lange Silben, wie /hooo, hooo, hooo/; /huuu, huuu, huuu/ und verbinden Sie diese Silben mit langen Armbewegungen, indem Sie mit dem freien Arm eine Halbkreisbewegung vor dem Körper ausführen.

● Wechseln Sie mehrere Male hintereinander zwischen langen und kurzen Silben:
/ho, ho, hooo/; /hu, hu, huuu/...

● Kombinieren Sie ganzkörperliche Bewegungen mit der Atemwurf-Übung. Wippen Sie mit leicht eingeknickten Beinen bei jedem Atemwurf in den Beinen, ähnlich einem Reiter auf einem Pferd, oder stellen Sie sich vor, einen Ball mit beiden Händen in einer weit ausholenden Bewegung nach links oder rechts einem Partner zuzuwerfen. Bei jedem Ausholen wippen Sie locker in den Knien, parallel zu jedem »Ball«-Wurf bilden Sie einen Atemwurf.

Lange Silben mit langen Armbewegungen kombinieren

Bitte beachten Sie

▶ Erzeugen Sie keine Kraft im Hals-, sondern ausschließlich im Bauchbereich. Dadurch klingt Ihre Stimme sehr tief, entspannt und kraftvoll.

Die Kraft kommt aus dem Bauch

Der dritte Schritt

Übungs-
sprache ▶ Im weiteren üben Sie den Atemwurf mit kurzen Wörtern: »so, lauf, rauf, nein, laß, muß, Kuß, fein, sein ...«

● mit zweisilbigen Wörtern: »holen, hausen, hängen, schonen, husten, heulen ...«

● mit mehrsilbigen Wörtern: »verkünden, betonen, erwarten, besuchen, erzählen ...«
Bei diesen mehrsilbigen Wörtern ist es wichtig, daß Sie sich vorher überlegen, welchen Vokal Sie betonen.

● mit kurzen Sätzen, die Sie unterschiedlich betonen: »Wir holen euch«. »Wir holen euch«. »Wir holen euch«.

Abbau des Atemwurfs

Üben Sie so lange, bis Sie den Eindruck haben, daß Sie die zur Produktion der Rufsilben notwendige Kraft maßgeblich im Bauchraum erzeugen. Das können Sie daran erkennen, daß Ihre Stimme tief und entspannt klingt und Sie das Gefühl haben, daß Ihr Kehlkopf jetzt tief steht. Beginnen Sie nun damit, den Atemwurf wieder abzubauen. Sie sollten jedoch versuchen, die erarbeitete Kehlkopfstellung beim normalen Sprechen auf jeden Fall beizubehalten.

▶ Zum Abbau des Atemwurfs suchen Sie sich kurze Texte, zum Beispiel Gedichte oder Kinderlieder.

● Lesen Sie diese zunächst mit Atemwurf.

● Führen Sie dann einige Male die auf Seite 52 und 53 beschriebenen Pleuel- und Gähnübungen durch.

● Lesen Sie die Texte nun mit der gleichen Kehlkopfstellung ohne Atemwurf.

Bitte beachten Sie

● Lassen Sie sich zur Erarbeitung des Atemwurfes Zeit. Die beschriebenen Übungen lassen sich nicht an einem Nachmittag durchführen!

● Üben Sie jede Einheit mehrere Tage lang, bis Sie den Eindruck haben, daß Sie das beschriebene Ziel wirklich erreicht haben und beliebig wiederholen können. Gehen Sie erst dann zur nächsten Übung über.

● Versuchen Sie nicht, den Atemwurf in Ihre Alltagssprache zu übernehmen! Abgesehen davon, daß es Ihre Gesprächspartner befremden wird, wenn Sie ein »Guten Morgen« mit einem Atemwurf bekräftigen, ist er lediglich das Mittel zum Zweck, in diesem Fall zur richtige Kehlkopfstellung.

Einfluß auf die Persönlichkeit

Wie mehrfach erläutert, bietet der Atemwurf die Möglichkeit, die Stimme zu kräftigen, sie locker und tief einzusetzen. Eine solche Stimme vermittelt Sicherheit, innere Gelöstheit und Überzeugungskraft. So können wir unserem Gesprächspartner darstellen, daß wir unserer Sache sicher sind, denn wir sprechen »im Brustton der Überzeugung«.

Im Brustton der Überzeugung

Im Gegensatz dazu strahlt eine hohe, dünne Stimme Unsicherheit und innere Verkrampfung aus, die sich auf den Gesprächsteilnehmer übertragen und Ablehnung erzeugen wird.

Wir tun also nicht nur unserer Stimme etwas Gutes, wenn wir den Atemwurf regelmäßig üben, wir unterstreichen auch unsere persönliche Sicherheit in Gesprächen, wenn wir unsere Stimme locker und kräftig einsetzen.

Wichtig ist allerdings, daß die Stimmkraft durch regelmäßiges Üben locker und wie von selbst entsteht. Keinesfalls darf sie durch zwanghaftes Schreien oder durch eine bewußt tiefgestellte Stimme ausgedrückt werden.

Kombinationsübung

Wenn Sie die Atemwurfübung beherrschen, können Sie diese auch sehr gut mit verschiedenen Stimmkräftigungsübungen kombinieren. Beide Übungen zusammen sind vor, aber auch nach einer Sprechanstrengung eine ideale Lockerungsübung.

Vor und nach einer Sprachanstrengung ideal

Achten Sie bei diesen Übungen wiederum auf die Tiefstellung des Kehlkopfs, die Weitung des Ansatzrohrs und darauf, daß Ihre Stimmkraft ausschließlich durch Ihre Bauch- und Zwerchfellbewegung gesteuert wird.

▶ Erstellen Sie sich zuerst Silben- und Wortlisten, die möglichst viele dunkle Vokale enthalten. Beginnen Sie dabei mit Silben, die mit einem vorne an den Lippen gebildeten, weichen Konsonanten, also mit einem b, f, h, m, n oder w, anfangen:

/mom, mum, mam/;
/nom, /num, nam/;
/lom, lum, lam/;
/wom, wum, wam/...

(siehe Kauübungen, Seite 59).
● Bilden Sie diese Silben einmal ohne Atemwurf, dann einmal mit Atemwurf.
● Erweitern Sie die Wortliste um andere Konsonanten sowie um

zweisilbige Wörter: /hoft, hopt, homt, hont, host, hokt/; /ho-hoft, ho-hopt, ho-hokt/...

● Sprechen Sie diese zunächst ohne, dann mit Atemwurf.

● Schließlich wiederholen Sie diese Übung mit mehrsilbigen Wörtern.

● Zuletzt üben Sie noch einmal mit kleinen Sätzen (siehe Atemwurfübung Seite 56).

■ Wenn Sie solche Silben- oder Wortlisten regelmäßig rezitieren, werden Sie bemerken, daß Ihre Stimme leistungsfähiger und entspannter wird.

Bitte beachten Sie

Dunkle Vokale und weiche Konsonanten

Bei dieser wie bei vielen anderen Stimmübungen bieten sich besonders Wörter mit dunklen Vokalen – u oder o – und vorne gebildeten Konsonanten – m, n, w – an.

Sirenenübung

Diese Übung, die ebenfalls zu den Stimmkräftigungsübungen zählt, hat den Vorteil, daß sie nicht, wie die oben beschriebenen Kräftigungseinheiten, nur einzelne Bereiche der Stimme erfaßt, sondern die Stimme in ihrer ganzen Breite trainiert. Das bedeutet, daß Sie bei dieser

Übung Ihren vollständigen Sprechstimmumfang einbeziehen und somit die Stimmorgane in zahlreichen Stellungen trainieren.

Trainiert den gesamten Stimmumfang

▶ Setzen Sie Ihre Stimme wie eine Sirene bei Feueralarm ein. Sie beginnen mit einem dunklen Vokal (o, u). Starten Sie mit einem hohen Ton, lassen Sie Ihre Stimme dann langsam nach unten wandern, begeben Sie sich stimmlich wieder nach oben und zum Abschluß wieder nach unten.

● Zur Abwechslung können Sie nun unten einsetzen und oben enden, oder unten einsetzen, Ihre Stimme langsam höher und dann wieder tiefer erklingen lassen und unten enden.

● Wichtig ist, daß Sie auf dem Weg nach oben oder unten möglichst alle Töne am »Wegesrand« einmal streifen, also in die Übung mit einbeziehen.

Übungsvariationen

Folgende Variationen der Sirenenübung bieten sich an:

● Nehmen Sie die Vokale a, e und i hinzu.

● Bilden Sie Lautgruppen: »mo, omo, Oma, ...«

● Gehen Sie zu längeren Wörtern über: »Muntermacher, Mohnkuchen, ...«

Stimmfülle

Sich mittels Sprechen verständlich zu machen, hat nicht allein etwas mit der Lautstärke zu tun, sondern auch mit der Klangfülle unserer Stimme. Eine »volle« oder »tragfähige« Stimme setzt natürlich eine entspannte Stimmgebung voraus, wird jedoch auch noch durch einen weiteren wichtigen Faktor beeinflußt, nämlich die Resonanz. Resonanz bedeutet, daß Schwingungen, die von einem Tonkörper erzeugt werden, sich auf andere Körper übertragen, die dann ihrerseits mitschwingen – nur dann haben wir eine gute Resonanz.

Diese theoretische Überlegung bedeutet in der Praxis der Stimmgebung, daß die Schwingungen, die im Kehlkopf erzeugt werden, in möglichst vielfältiger Weise auf andere Räume des menschlichen Körpers übertragen werden müssen – nur dann haben wir eine gute Resonanz. Diese Resonanzräume im menschlichen Körper können aber nur dann in Schwingung versetzt werden, wenn sie erstens für die Kehlkopfschwingungen geöffnet werden und zweitens locker genug sind, um überhaupt schwingen zu können. Deswegen hier einige Übungen:

Nutzen Sie Ihre Resonanzräume

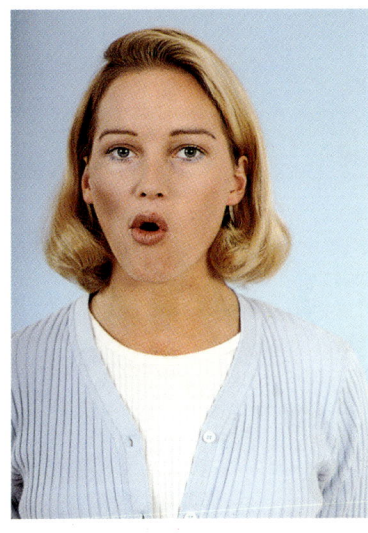

Kauen und Sprechen sind eng verwandt.

Kauübung

Die Kauübung nutzt die enge Bewegungsverwandtschaft von Sprechen und Essen. Sie eignet sich hervorragend für das Stimm- und Sprechtraining, da sie verschiedene Gesichtspunkte der Stimmgebung berücksichtigt.

1. Sie ist eine gute Übung zur entspannten Stimmerzeugung.
2. Sie fördert besonders die Resonanz der Stimme.
3. Sie hilft beim Finden der Sprechstimmlage (Seite 64).

Sie können die Kauübung mit einem Stück Brot oder wahlweise auch mit einem Kaugummi durchführen.

Trainingsprogramm für Stimme und Sprechen

Der erste Schritt

**Gute Tisch-
manieren
vergessen!**

▶ Vergessen Sie jetzt alles, was Sie im Zusammenhang mit guten Tischmanieren jemals gelernt haben.

● Nehmen Sie eine Scheibe Brot, ein Brötchen oder ähnliches Gebäck (wahlweise einen Kaugummi). Davon brechen Sie ein normales Stückchen ab und beginnen, entspannt und mit weiten Bewegungen bei geöffnetem Mund zu kauen.

● Während des Kauens bilden Sie Laute wie /mlum/, /mjaum/, /njom/, /nleum/, /bjaum/ ...

■ Bei diesen Silben klingt die Stimme tief und monoton. So findet man recht gut seine optimale Sprechstimmlage, vor allem aber erzeugt der »genußvolle« Kauvorgang eine möglichst lockere Stimmbildung.

**Lockere
Stimm-
bildung**

Der zweite Schritt

▶ Wenn Sie auf diese Weise das eine oder andere Brötchen »weggesprochen« haben, gehen Sie dazu über, in die Silben einzelne Wörter einzuschieben /mlum – Laub – mlum/; jleum – Lump – jleum/ ...

**Aus Lauten
werden
Silben**

● Hierbei steht allerdings die gute Verständlichkeit des eingeschobenen Wortes nicht im Vordergrund.

■ Ihre Stimme klingt weiterhin recht monoton, schwerpunktmäßig aber entspannt und somit tief.

Der dritte Schritt

▶ Bilden Sie nun kauend ganze Sätze: »Maus und Laus machen manchen Mutigen mutlos«; »Dach und Fach decken Daubendächer flach« ...

● Beginnen Sie nun langsam, mit Akzenten und Betonungen eine Sprechmelodie zu erzeugen, kauen Sie jedoch weiter.

● Sprechen Sie Gedichttexte oder kurze Lieder, und imitieren Sie dabei die oben durchgeführte Kaubewegung.

● Schließlich leiten Sie die Texte nur noch mit einer kurzen Kaubewegung ein und sprechen den ganzen Text dann mit guter Betonung ohne zu kauen. Achten Sie aber darauf, daß Ihre Mundmuskulatur weiterhin so locker bleibt, wie sie es beim realen Kauen gewesen ist.

**Auch ohne
Brot eine
lockere
Mundmus-
kulatur**

● Nehmen Sie ruhig ab und zu noch einmal ein Stück Brot zu Hilfe, um die Kaubewegung nachhaltig zu sichern.

Resonanzübungen

Unser Körper verfügt über vielfältige Möglichkeiten der Schwingungsweitergabe. Sogenannte Resonanzräume sind die Brust sowie der Kopf mit »Kuppel« und »Maske«.

»Kuppel« und »Maske« Mit »Kuppel« ist der hintere Hals- und Kopfbereich (vom Kehlkopf an aufwärts) gemeint. Die »Maske« beinhaltet den vorderen Bereich, also Mundhöhle, Nasenraum mit Nasennebenhöhlen, Stirn mit Stirnhöhlen und Augenhöhlen.
Um diese Resonanzbereiche gezielt zu erfahren, bietet sich die Bildung spezieller Laute für jeden Bereich an:

/l/ –	Mundhöhle und Maske
/n/ –	Nasenresonanz und Maskenklang
/ng/ –	Nasen- und Kuppelresonanz
/m/ –	Mundhöhle
/r/ –	Rachenraum
/w/ –	vordere Resonanzbezirke und Körperresonanz
/s/ –	Maske

Bitte beachten Sie

Auch hier sei noch einmal darauf verwiesen, daß Sie sich für die Übungsabfolge Zeit nehmen. Zur vollständigen Verinnerlichung der Resonanzbildung benötigen Sie mehr als nur ein paar Minuten!

■ Die Ziele der Resonanzübungen sind die Lockerung sowie die Erschließung und optimale Nutzung der Resonanzräume. Führen Sie bitte zu Beginn einige der beschriebenen Lockerungsübungen durch (siehe Entspannungs- und Lockerungsübungen, Seite 42 bis 44, oder Gähn- und Pleuelübung, Seite 52/53).

▶ Erstellen Sie nun Wortlisten, die die einzelnen Resonanzbereiche besonders ansprechen: **Wortlisten erstellen**

1. Laub, Lohn, Laus, Lob, Luise, Lüster, Lasso ...
2. Naht, Nauheim, November, Neu, Nahrung ...
3. eng, Wange, England, bang, Wohnung ...
4. Mohn, Mund, Montage, Montag, Muschel ...
5. Raum, Rosen, Räuber, Reue, Rudel ...
6. Wunder, Welt, Wolf, Wünsche, Walter ...
7. Summen, Sauna, Sonne, Sonntag, Sau ...

● Sprechen Sie diese Wörter und ziehen Sie dabei den jeweiligen Hauptlaut in die Länge. Betonen Sie ihn stärker als den Rest des Wortes.

● Sie können statt der Wörter auch einfach nur Silben summen. Dabei stellen Sie jeweils zwischen zwei Konsonanten einen Vokal, also zum Beispiel:

mom, non, lol, wow, wom, lon, som ...

Resonanz-
räume
erfühlen. ● Diese Summübungen eignen sich auch zum Einstimmen auf

Bitte beachten Sie

Wenn Sie diese Wörter sprechen, bemühen Sie sich bitte, möglichst locker zu bleiben. Um speziell den Brustkorb zu lockern, können Sie diesen mit den Fingerspitzen leicht abklopfen. Wenn Sie dabei Wörter sprechen, sollten Ihre Fingerkuppen deutlich vibrieren. Die Bereiche der Kopfresonanz, zum Beispiel Wangen, Nasenflügel, Stirn, können Sie mit den Fingerspitzen sanft massieren und auf diese Weise deutlich lockern. Steht Ihnen ein Partner zur Verfügung, der Ihnen den Rücken vorsichtig abklopft, so können Sie hier Ihre Lockerung vervollständigen.

einen längeren und anstrengenden Sprechabschnitt oder zur Entspannung nach einer derartigen Stimmbelastung.

● Wichtig ist, daß Sie bei diesen Übungen Ihre Körperreaktionen selber kontrollieren. Wenn Sie zum Beispiel Wörter mit /m/ bilden, so sollten die jeweiligen Resonanzräume deutlich vibrieren, im Fall des /m/ also die Lippen, die Nasenflügel, die Wangenknochen und auch der gesamte Brustraum.

Summübungen vor oder nach einer Stimmbelastung

■ Je intensiver die Vibrationen zu spüren sind, desto besser haben Sie Ihre Resonanzräume gelockert und ausgenutzt.

Nun kennen Sie Ihre Resonanzräume, beziehen Sie diese jetzt bewußt in Ihr Sprechen ein.

▶ Beginnen Sie mit einfachen kurzen Texten. Achten Sie darauf, die Konsonanten zur Resonanzsteigerung zu nutzen.

● Gehen Sie dann langsam zu längeren Texten über. Versuchen Sie, auch beim Sprechen in Alltagssituationen an die Resonanz zu denken.

■ Schließlich werden Sie Ihre Resonanzräume automatisch voll ausnutzen, so daß Ihre Stimme mehr Volumen und Tragfähigkeit erhält. Das hat zur Folge, daß Sie, ohne lauter zu sprechen, besser gehört werden.

Einfluß auf die Persönlichkeit

Der Begriff der »Resonanz« ist in zweifacher Weise zu verstehen und von Bedeutung: Zum einen wird die Resonanz von uns erzeugt. Unsere Artikulationsräume schwingen, nachdem wir sie gelockert haben, und unsere Stimme klingt volltönender und angenehmer.

Andererseits spricht man aber auch davon, bei seinen Mitmenschen »auf Resonanz zu stoßen«, das heißt, positive Rückmeldungen zu erhalten. Wir können also davon ausgehen, daß wir mit mehr Resonanz in unserer Stimme auch bei unseren Gesprächen und unseren Partnern mehr Resonanz erzeugen. Man kann den Merksatz prägen: »Resonanz bekommt, wer Resonanz hat«, im Sinne von: Wer mit einer resonanzreichen Stimme spricht, wird positive Rückmeldungen erhalten.

Resonanz bekommt, wer Resonanz hat!

darunter einen gewissen Tonumfang versteht.
Und so bestimmt man die individuelle Sprechstimmlage:

▶ Nehmen Sie die Drei-Winkel-Sitzhaltung ein. Sprechen Sie nun, ohne sich melodisch besonders darauf zu konzentrieren, Wochentage, Namen oder Zahlen. Nach einiger Zeit ergibt sich ein monotoner Singsang in einer Stimmlage, die in etwa der individuellen Sprechstimmlage entspricht (siehe auch Kauübungen, Seite 59).

Die eigene Sprechstimmlage bestimmen.

Stimmlage und Stimmumfang

Jeder Mensch besitzt eine Stimmlage, in der er besonders entspannt sprechen kann. Diese Stimmlage befindet sich im unteren Drittel des gesamten Stimmumfanges, etwa drei bis vier Töne oberhalb des tiefsten Tones, den man individuell bilden kann.

Bestimmen der Sprechstimmlage

Wichtig ist, daß es sich bei der Sprechstimmlage, auch Indifferenzlage genannt, nicht um einen einzelnen, bestimmten Ton handelt, sondern daß man

Eine weitere Möglichkeit, Ihre Sprechstimmlage zu finden, ist:

Wenn Sie gern singen

▶ Stellen Sie mit Hilfe eines Musikinstruments zunächst fest, wie tief Sie singen können. Hierzu eignen sich besonders ein Klavier, ein Key-Board oder auch eine Gitarre. Beginnen Sie bei einem mittleren Ton, etwa dem mittleren »a« und gehen Sie zunächst in Ganz- später Halbtonschritten abwärts.

Zum Singen nehmen Sie am besten einen Vokal, also zum Beispiel /a/ oder /o/.
● Vom tiefsten noch hervorgebrachten Ton gehen Sie dann drei bis vier Töne höher und »landen« so bei Ihrer individuelle Sprechstimmlage.

■ Es ist keinesfalls das Ziel dieser Übung, daß Sie ständig in diesem Höhenbereich sprechen – Ihre Stimme würde dann unnatürlich, monoton und langweilig wirken! Sie sollten von Zeit zu Zeit aber darauf achten, daß die Stimme immer wieder in diese »optimale Lage« zurückkehrt. In bezug auf die Indifferenzlage lauten also die Ziele:

1 Finden der persönlichen Indifferenzlage.

2 Regelmäßiges Einpendeln zur Indifferenzlage während des Sprechens.

3 Beibehaltung der Indifferenzlage auch bei größerer Lautstärke.

Die in Belastungssituationen höhere Lautstärke ist bei den meisten Menschen – besonders aber bei Frauen – häufig mit einer ebenso erhöhten Tonlage verbunden. Da man jedoch während eines wichtigen oder intensiven Gesprächs eigentlich ständig dazu neigt, lauter zu sprechen als in einer Alltagssituation, besteht die Gefahr, daß man permanent mit überhöhter Sprechstimmlage spricht. Auf diese Weise wird die Stimme jedoch außerordentlich strapaziert.

Erhöhte Lautstärke und Tonlage strapazieren die Stimme

Stimmumfang und Sprechmelodie

Um beim Sprechen den gesamten Sprechstimmumfang zu nutzen, sollte man die Indifferenzlage nicht nur nach oben, also mit höheren Tönen, überschreiten, sondern auch immer wieder einmal auf tiefere Töne zugreifen.

Den Stimmumfang nutzen

■ Diese ausgewogene Ausnutzung des Sprechstimmumfangs hat nur Vorteile: Sie bewirkt eine gute Stimmführung und verhilft Ihnen zu einer angenehm abwechslungsreichen Sprechmelodie. Darüber hinaus wird durch eine gute Sprechmelodie auch die Stimme »gleichmäßiger abgenutzt« – so kommt es nicht zu einer schädlichen und verspannenden Eingrenzung des Sprachumfangs auf nur einige wenige Töne.

▶ Versuchen Sie doch einmal, Ihre Sprechstimme mit einer fast singenden Melodieführung bewußt zu gestalten.
● Trainieren Sie dies mit Hilfe der Sirenenübung (Seite 58).
● Bilden Sie Ihre Sprechmelodie möglichst bunt aus.

Eine sehr stark ausgeprägte Sprechmelodie entspricht allerdings nicht unbedingt dem

Einfluß auf die Persönlichkeit

Wichtig: die Sprech- melodie

Eine mitreißende Sprechmelodie gestaltet jeden Vortrag, jedes wichtige Gespräch wesentlich ansprechender und überzeugender. Indem Sie Ihre Stimmlagen bewußt einsetzen, können Sie darüber hinaus die entscheidenden Textpassagen, die Ihre Zielsetzung am besten unterstreichen, durch eine besondere Betonung hervorheben. So wecken Sie nicht nur das Interesse Ihrer Zuhörer, sondern können deren Aufmerksamkeit auch über einen längeren Zeitraum halten. Außerdem Sie sind besser zu verstehen, und man kann Ihrem Vortrag leichter folgen. Ihre Mitmenschen sind somit nicht nur den Inhalten Ihrer Rede, sondern auch Ihrer Person gegenüber aufmerksamer.

normalen Sprechverhalten. Bei manchen Gesprächspartnern kann sie deshalb ein gewisses »Aufmerken« hervorrufen. Doch dadurch sollten Sie sich nicht verunsichern lassen – schließlich bietet Ihnen die Sprechmelodie die Möglichkeit, stets entspannt und locker zu sprechen. Im Zweifel steht Ihr ganz persönliches Wohlbefinden im Vordergrund! Darüber hinaus kann man davon ausgehen, daß sich eine solch ausgeprägte Sprechmelodie mit der Zeit sozusagen von alleine »abschleift«. Je mehr Sicherheit und Selbstbewußtsein Sie beim Sprechen gewinnen, desto leichter fällt es Ihnen, diese Art von »Trainingssprache« zugunsten einer natürlichen Sprechmelodie wieder aufzugeben – im Alltag wie auch in Redesituationen.

Stimmeinsatz und Artikulation

Ein angenehm »weicher« und deutlicher Stimmeinsatz sowie eine klare Artikulation ermöglichen es, gehört zu werden, ohne sehr laut sprechen zu müssen. Bei längerem Reden, vor allem aber in wichtigen, angespannten Situationen neigt man dazu, lauter und bisweilen auch schneller zu sprechen. Lautes Sprechen kann zu Verspannungen im Kehlkopfbereich führen, wodurch die Stimme »gepreßt«, ja sogar »gequält« klingt oder aber nur noch »verhaucht«, das heißt allzu schwach zu vernehmen ist. Schnelles Sprechen wiederum hat zur Folge, daß die Artikulation verwischt und

»Verhauchte« Stimmen

man schlechter zu verstehen ist. In der Regel wird versucht, diese beiden Mängel durch eine Steigerung der Lautstärke auszugleichen. Ein Training des Stimmeinsatzes sowie der Artikulation kann hier helfen, das Fehlverhalten beim Sprechen abzubauen und entsprechende Schädigungen der Stimme zu beheben.

Stimmeinsatz

**Stimm-
einsatz –
Stimmabsatz**

Der Vokal- oder allgemeine Stimmeinsatz ist einer der ersten stimmlichen Teilbereiche, die unter Anstrengung nicht mehr optimal ablaufen. Als Stimmeinsatz beziehungsweise Stimmabsatz wird die Stellung der Stimmlippen zu Beginn und am Ende eines Wortes oder Sprechabschnitts bezeichnet.
Während der Atmungsphase (Seite 32) sind die Stimmlippen ganz geöffnet, so daß die Luft ungehindert hindurchströmen kann.
Beginnen wir nun zu sprechen, so legen sich vor Sprechbeginn die Stimmlippen aneinander. Wenn der Luftdruck von unten groß genug ist, öffnen sich die Stimmlippen. Ist die Luft dann hindurchgeströmt und wird kein weiterer Druck ausgeübt, schließen sie sich wieder.

● Wenn die Stimmlippen zu Beginn der Öffnungsphase zu stark aneinandergepreßt sind, ist ein sehr starker Luftdruck von unten nötig, um die Stimmritze (Glottis) gewissermaßen »freizusprengen«.
Die Stimmlippen erzeugen also eine übermäßig große Muskelkraft, um die Glottis trotz des von unten kommenden Luftdrucks geschlossen zu halten. Man kann sagen, die Muskelkraft der Stimmlippen stellt sich der Druckkraft der Sprechluft entgegen.
● Dieses ungünstige Verhalten, das zum Beispiel in emotional belastenden Situationen zu beobachten ist, hat zur Folge, daß es bei jedem Sprechbeginn zu großen Verspannungen kommt. Meist werden die Stimmlippen dann auch wieder mit zu viel Kraft geschlossen, so daß sich auch in diesem Bereich Verspannungen aufbauen.
● Bei einem solchen Übermaß an Stimmlippenspannung zu Beginn der Lautgebung spricht man von einem harten oder, in gesteigerter Form, von einem gepreßten Stimmeinsatz sowie entsprechend Stimmabsatz am Ende der Lautgebung.
● Das entgegengesetzte und ebenfalls ungünstige Verhalten wird als »verhauchter Stimmeinsatz« bezeichnet. Hierbei werden

die Stimmlippen durch mangelnde nicht vollständig geschlossen, so daß beständig »wilde« Luft durch die Stimmritze austritt.

Die Stimme klingt in diesem Fall schwach und verhaucht, der Betroffene hat Schwierigkeiten bei der Produktion lauter Töne.

■ Beides ist für die Stimme schädlich. Hinzu kommt, daß im Hals unangenehme Spannungsgefühle entstehen.

Ein ausgewogenes Spannungsmaß finden

Es gilt also, ein ausgewogenes Spannungsmaß der betroffenen Muskeln zu finden, um Verspannungen, für die alle Muskeln des menschlichen Körpers anfällig sind, zu vermeiden. Wie bereits auf Seite 13 beschrieben, ist an der richtigen Einstellung der Stimmlippen und der Kehlkopfknorpel eine Vielzahl von Muskeln beteiligt, so daß schon geringe negative Einflüsse die Qualität des Stimmeinsatzes erheblich beeinträchtigen können.

1. Zur Erzeugung eines nicht stimmschädigenden Stimmeinsatzes gehört eine recht gute Selbstbeobachtung.
2. Übungen zur Korrektur des Stimmeinsatzes bezwecken einen »weichen«, das heißt einen entspannten und somit auch kräftigen Stimmeinsatz.

3. Leiten Sie die Übungen zum Stimm- oder Vokaleinsatz mit Lockerungsübungen ein (siehe Entspannungs- und Lockerungsübungen, Seite 35).

Glottisschlag

Glottis oder Stimmritze nennt man den Bereich zwischen den Stimmlippen, der je nach Bedarf geöffnet oder geschlossen wird. Bei der folgenden Übung geht es darum, den »Glottisschlag«, das heißt eine stimmlose Stimmlippenöffnung, zu produzieren und wahrzunehmen.

Stimmlose Öffnung der Glottis

Der erste Schritt

▶ Stellen Sie sich vor, Sie wollten ein /a/ oder /o/ bilden. Sie öffnen also Ihren Mund, Ihre Stimmlippen schließen sich und Ihr Atem strömt daher nicht mehr weiter.

S t o p !

Statt nun an dieser Stelle den Laut wirklich zu bilden, öffnen Sie ohne eine Erhöhung des Atemdrucks, aber unter weiterhin angehaltener Atmung, die Stimmlippen.

■ Dabei muß ein leises Knack- oder Knallgeräusch zu hören sein, das dem Auftreffen eines

Wichtig: das Knack- oder Knallgeräusch

Regentropfens auf dem Boden oder dem einer Fliege an der Fensterscheibe ähnelt.

● Entsteht hierbei ein Reibe- oder Preßlaut, ist dies ein Hinweis auf einen gepreßten Stimmeinsatz.

● Vernehmen Sie bei diesem Vorgang überhaupt kein Geräusch, weist das auf einen sogenannten »verhauchten Stimmeinsatz« hin. Das bedeutet, daß sich Ihre Stimmlippen zumindest nicht vollständig schließen.

Der »verhauchte« Stimmeinsatz

▶ Üben Sie die Stimmlippenöffnung einige Male langsam, keinesfalls zu überhastet und auch nicht zu oft.

● Achten Sie darauf, daß das Geräusch nicht lauter wird und sich auch nicht verändert, egal wie oft Sie es produzieren.

● Wenn Sie Ihre Stimmlippen auf diese Weise stimmlos öffnen können, steigern Sie die Geschwindigkeit der Übungsabfolge etwas.

● Atmen Sie zu Beginn einer »Öffnungsreihe« nicht übermäßig tief ein und achten Sie während der Übungen auf eine lockere Haltung des Hals-, Rachen- und Mundraums sowie auf eine möglichst tiefe Stellung des Kehlkopfs (siehe Atemwurf, Pleuel- und Gähnübung, Seite 52/53).

Der zweite Schritt

Wenn Sie auf diese Art und Weise die stimmlose Öffnung der Glottis erfolgreich geübt haben, können Sie mit stimmhaften Übungen beginnen.

Stimmhafte Öffnung der Glottis

▶ Suchen Sie sich zunächst einen Vokal aus, der Ihnen besonders liegt. Viele Menschen empfinden das /a/ und das /e/ als besonders schwierig und bevorzugen die dunklen Vokale /o/ und /u/. Sie können auch mit einer Lautkombination, zum Beispiel /um/, üben.

● Nehmen Sie eine entspannte Grundhaltung ein, etwa die »Drei-Winkel-Sitzhaltung«.

● Stellen Sie den Kehlkopf so tief wie möglich, entspannen Sie Hals, Rachen und Mundraum, am besten mit Hilfe der Gähnübung (Seite 53).

● Stellen Sie sich vor, Sie wollen den von Ihnen ausgesuchten Vokal bilden. Sie öffnen also Ihren Mund, Ihre Stimmlippen schließen sich, der Atem strömt nicht mehr weiter.

● Nun erhöhen Sie minimal den Atemdruck und bilden ein /om/ oder einen anderen Ihnen genehmen Laut.

Bilden Sie diesen Laut ohne besondere Anstrengung, lassen Sie ihn einfach wie von selbst mit der Ausatmung aus dem Körper strömen.

● Üben Sie diese Vokaleinsatzart mehrmals und auch mit unterschiedlichen Lautreihen: um, ul, up, ut, om, on, os, ok ...

● Nehmen Sie schließlich alle Vokale – a, e, i, o, u – hinzu und kombinieren Sie diese mit verschiedenen Konsonanten: m, n, b, p, s, t, r, f ...

● Schließlich bilden Sie ganze Wörter, die jeweils mit einem Vokal beginnen: »Ofen, oben, Onkel, Oma, Abend, Amen, Arm, Ahnen, Uhr, Unfall, Urkunde, Unterricht, Emil, Ehre, Eber, egal, Ida, Igel, Irland, Indianer ... «

Der dritte Schritt

Vokal-einsätze üben

▶ Stellen Sie gleichklingende Wörter gegenüber, von denen eines mit einem Konsonanten, das andere mit einem Vokal beginnt: »Motto – Otto; Siegel – Igel; schaffen – Affen; munter – unter; neben – eben, rüber – über; Namen – Amen ... «

● Schließlich binden Sie die geübten Vokaleinsätze in längere Sätze ein, wobei Sie den Vokaleinsatz zunächst isoliert und dann im Satz üben: »Affen: – Die Affen – Die Affen fressen Bananen.«
»Uhren: – Die Uhren – Die Uhren hasten sehr.«

Der vierte Schritt

▶ Eine zusätzliche Steigerung bedeutet die Verwendung mehrerer Vokaleinsätze in einem Satz: »Affen / essen: Die Affen essen Bananen.« – »Uhren / hasten: Die Uhren hasten sehr.«

● Höhepunkte dieser Trainingseinheiten sind Sätze wie: »Einige Affen essen oft Obst oder Insekten« – »Andere Affen arbeiten in offenen Einöden mit ihren Eltern«.
Bei solchen Vokalhäufungen bietet sich ein Trick an, mit dem man eine übermäßige Beanspruchung der Stimme vermeiden kann. Nicht betonte Vokaleinsätze können an den voranstehenden Buchstaben angebunden werden: »Andere≈Affen arbeiten≈in offenen Einöden mit≈ihren Eltern.«
Welches nun die nicht betonten Vokale sind, hängt von Ihrer persönlichen Einschätzung und Ihrem individuellen Sprachgefühl ab. Keine Entscheidung kann hier eindeutig richtig oder falsch sein.

▶ Zur weiteren Verinnerlichung kann es hilfreich sein, sich in Gedicht- oder Prosatexten Vokaleinsätze und Bindungen zu markieren und einzuüben. Auf diese Weise erhalten Sie die Gelegenheit, individuell ein Gefühl für Möglichkeiten der Bindung zu entwickeln, so daß Sie diese Form der Stimmentlastung nach und nach in Ihre Alltagssprache einbauen können.

Da der Stimmeinsatz für Verspannungen besonders anfällig ist, sollten Sie sich selbst intensiv beobachten und Ihr Augenmerk auch immer wieder auf Ihren Stimmlippenschluß richten.

In Zukunft sollten Sie also immer wieder ein kritisches Auge auf die Stimmlippen haben und die Spannung überprüfen. Sollte es dann Probleme geben, können Sie einen zu weichen Stimmeinsatz durch Training festigen.

Die Selbstwahrnehmung intensivieren

Bitte beachten Sie

Erinnern Sie sich nach einer übermäßigen Stimmbelastung immer wieder an diese Übungen. Denn auch wenn Sie den Vokaleinsatz einmal perfekt beherrschen, kann eine außergewöhnliche körperliche oder emotionale Beanspruchung oder gar Belastung wieder zu einer negativen Veränderung des Stimmeinsatzes führen, was dann ein weiteres Training erfordert.

Akzentmethode

Die Akzentmethode ist eine recht einfache Übung, mit deren Hilfe die Spannungsregulierung im Kehlkopf weiter ausgebaut werden kann.

● Diese Methode ermöglicht die Bildung einer deutlichen Dynamik und Rhythmik, die nicht nur bei Stimmstörungen, sondern auch bei Redeflußstörungen wie dem Stottern hilfreich sein kann. Sie sollten diese Übung jedoch nicht als Einstieg in die Arbeit mit dem Stimmlippenschluß nützen, sondern zuerst den Glottisschlag trainieren und die Akzentmethode darauf aufbauen.

● Voraussetzung für diese Übung ist, daß unterschiedliche Lautstärken durch eine abgestufte Spannung variiert werden können. Dann nämlich kann die Stimmlippenspannung optimal eingestellt werden.

▶ Bei dieser Übung beginnen Sie mit einem dunklen Vokal, möglichst dem /u/. Diesen Vokal bilden Sie zunächst sehr vorsichtig und leise einige Male hintereinander.

● Nun steigern Sie langsam die Intensität, mit der Sie diesen Laut bilden. Suchen Sie sich dafür einen Rhythmus, der Ihnen »im Blut liegt«. Das kann

Mit dunklen Vokalen beginnen

bedeuten, daß Sie pro Sekunde ein /u/ ertönen lassen, Sie können aber auch nach eigenem Empfinden schneller oder langsamer sprechen.

● Jedes /u/, das Sie bilden, sollte nun lauter und intensiver klingen als das vorhergehende, bis Sie schließlich am Ende der Reihe einen deutlichen Höhepunkt setzen:

> u – u – u – u – u – u

● Bilden Sie nicht unbedingt die ganze Reihe im Zuge einer Ausatmung. Holen Sie zwischendurch Luft oder sprechen Sie einfach eine kürzere Reihe.

Verschiedene Rhythmen bilden
● Bleiben Sie nicht bei diesem einen Rhythmus, gestalten Sie auch andere Rhythmen:

> u – U
> U – u – U – u
> u – U – u

■ Diese Übung hilft Ihnen, unterschiedliche Spannungen zu testen und einen Spannungswechsel zu trainieren. Damit können Sie dann auch in Ihrer Alltagssprache Ihre Aussagen inhaltlich durch Betonungsschwerpunkte besser gestalten.

Artikulationsförderung

Eine klare und deutliche Artikulation hat den Vorteil, daß Sie bei gleicher Verständlichkeit um einige Grade leiser reden können als ein schlecht artikulierender Sprecher.

Wenn Sie also vor einer größeren Gruppe sprechen und über eine gute Aussprache verfügen, können Sie bei der Lautstärke einige Abstriche machen – und das kommt dann wiederum Ihrer Stimme zugute.

Hier finden Sie nun einige Übungen allgemeinerer Art, mit denen Sie Ihre Artikulationsorgane trainieren können. Zunächst einmal gehört zu einem gezielten Artikulationstraining eine Schulung der Artikulationsmuskeln, die alle an der Lautbildung beteiligten Organe des oberen Ansatzrohres miteinbezieht.

▶ Dazu eignen sich die Übungen aus dem Abschnitt Entspannungs- und Lockerungsübungen (ab Seite 35), soweit sie sich auf Zunge und Lippen beziehen. Darüber hinaus müssen aber auch die Wangen, der weiche Gaumen und die Kieferregion gelockert werden.

Zunge und Lippen lockern

Wangen

1 Blasen Sie die Wangen beidseitig kräftig auf. Halten Sie die Spannung für einen Augenblick und lassen Sie die Luft wieder entweichen. Sie können die Luft schnell oder langsam, auf einmal oder nach und nach entweichen lassen. »Spielen« Sie einfach ein bißchen herum.

Aufblasen der Wangen.

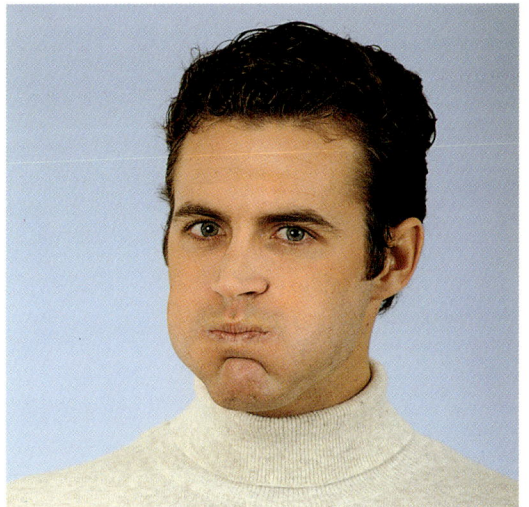

2 Blasen Sie nicht beide Wangen gleichzeitig auf, sondern eine nach der anderen im Wechsel. Sie können auch hier wieder die Luft nach Belieben schnell oder langsam entweichen lassen. In einem zusätzlichen Schritt »schieben« Sie die Luft dann mehrmals wechselnd von einer Wange in die andere.

3 Jetzt geht die Übung ins andere Extrem: Saugen Sie nun beide Wangen gleichzeitig in den Mund ein und halten Sie sie vorsichtig mit den Zähnen fest. Ziehen Sie in einem zweiten Schritt abwechselnd die eine und dann die andere Wange ein.

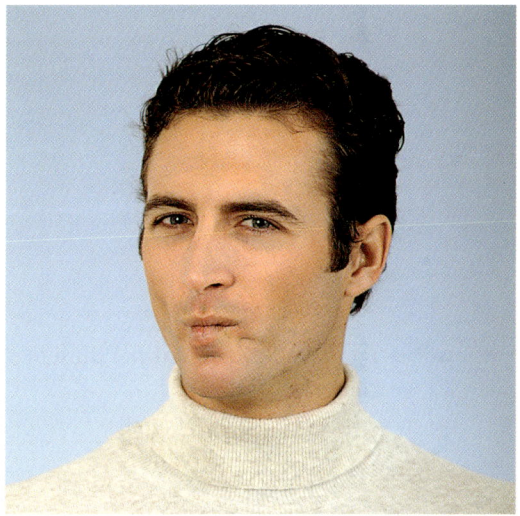

4 Stoßen Sie mit Ihrer Zunge von innen gegen die Wangen. Setzen Sie die Kraft der Wangenmuskulatur gegen diesen Druck nach innen, so daß sozusagen ein Zweikampf zwischen Ihrer Zunge und Wange entsteht. Stoßen Sie mit Ihrer Zunge mehrmals abwechselnd gegen die eine, dann gegen die andere Wange. Achten Sie darauf, daß sich Ihre Zunge beim »Wangenwechsel« kurzzeitig entspannt.

Die Wangen einziehen.

Kiefer

Dies ist eine Übung aus der sogenannten »Progressiven Relaxation« (Seite 38), die auf einer Entspannung nach vorheriger willentlicher, starker Muskelanspannung basiert.

▶ Lassen Sie den Unterkiefer zuerst einige Male locker herabfallen und ziehen Sie ihn wieder an den Oberkiefer heran.
● Führen Sie den Unterkiefer nun bewußt und unter Einsatz der Kiefermuskulatur nach unten und wieder zurück. Konzentrieren Sie sich darauf, den Unterschied im Muskelempfinden zu fühlen.
● Beißen Sie nun Ihre Zähne kräftig aufeinander und halten Sie die Spannung etwa 10 Sekunden. Die Spannung lösen.

Bei den folgenden Übungen beginnen Sie langsam und steigern dann die Geschwindigkeit.

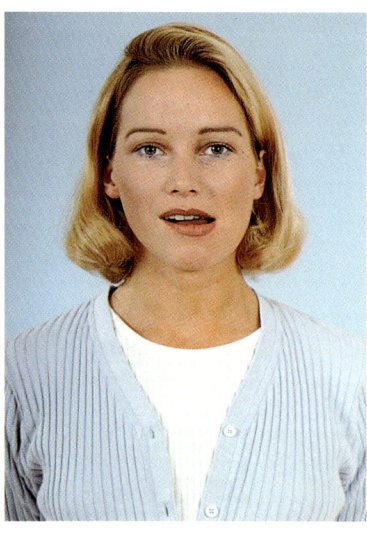

Den Unterkiefer entschlossen hin und her bewegen.

▶ Bewegen Sie Ihren Unterkiefer mehrmals mit entschlossenen Bewegungen erst von rechts nach links, dann von vorne nach hinten.
● Gehen Sie dann zu einer kreisenden Bewegung des Unterkiefers über, zunächst in einer horizontalen Linie, dann in einer vertikalen Linie.

▶ Zum Abschluß der Kieferübungen führen Sie das auf Seite 42 detailliert beschriebene Kieferschütteln durch.
● Lassen Sie Ihren Oberkörper, den Kopf und die Arme locker nach vorne fallen.
● Schütteln Sie Ihren Kopf recht kräftig, so daß der lockere Unterkiefer in der Bewegung mitschwingt.

Ausreichend entspannen!

Bitte beachten Sie

Führen Sie diese Übung nur 2–3 Mal durch. Die Anspannung darf nicht länger als 10 Sekunden dauern, ndie Entspannung muß mindestens 20–25 Sekunden dauern.

Weicher Gaumen

Der weiche Gaumen mit dem Zäpfchen verschließt den hinteren Mundbereich zum Nasenbereich hin.

▶ Um diesen Bereich zu trainieren, sprechen Sie eine Reihe von relativ kurzen Wörtern – Zahlen, Namen, Wochentage – bei vollkommen entspannt hängendem Zäpfchen, so daß Ihre Stimme übersteigert nasal klingt, etwa wie bei einem vornehmen »Näseln«.

● Gleichzeitig spüren Sie, daß Ihre Nase deutlich zu vibrieren beginnt. Die Deutlichkeit beim Sprechen kann etwas unter der Nasalität leiden.

Zäpfchenstellung und Nasalität

Diese leichte Nasalität nennt man auch »offenes Näseln«.

● Schließen Sie nun den Verschluß zur Nase vollständig. Dadurch wird Ihr Zäpfchen stark angespannt. Ihre Nase bleibt nun gewissermaßen völlig stumm, da keine Luft mehr durch sie hindurchströmt. Ihre Sprache klingt jetzt wie bei einem extrem starken Schnupfen.

● Wechseln Sie mehrere Male hintereinander von der angespannten zur entspannten Zäpfchenhaltung, während Sie beliebig Zahlen, Namen oder auch kurze Gedichte aufsagen.

Korkensprechen

Die Korkenübung hat mehrere entscheidende Vorteile:

Ihre Kiefergelenke werden durch den größeren Zahnreihenabstand etwas auseinandergezogen, so daß sie für gewisse Zeit einem geringeren Druck ausgesetzt sind. Der Korken zwischen Ihren Zähnen behindert Ihre Artikulation extrem. Dadurch führen Sie wesentlich genauere Artikulationsbewegungen aus – nur so können Sie weiterhin halbwegs gut verständlich zu sein. Die Korkenübung entlastet auch die Stimme – es kommt zu einer deutlichen Verbesserung der Klangqualität bei und nach dem Sprechen mit dem Korken.

Entlastung der Kiefergelenke

Verbesserung der Artikulation

Steigerung der Klangqualität

Bitte beachten Sie

Das Korkensprechen verhilft Ihnen zu einer bewußteren Artikulation. Deswegen sollten Sie diese Übung in regelmäßigen Abständen wiederholen. Wichtig ist jedoch, daß Sie sich dabei nicht verkrampfen! Es empfiehlt sich, vor und nach dem Korkensprechen einige Lockerungsübungen (Seite 35) durchzuführen.

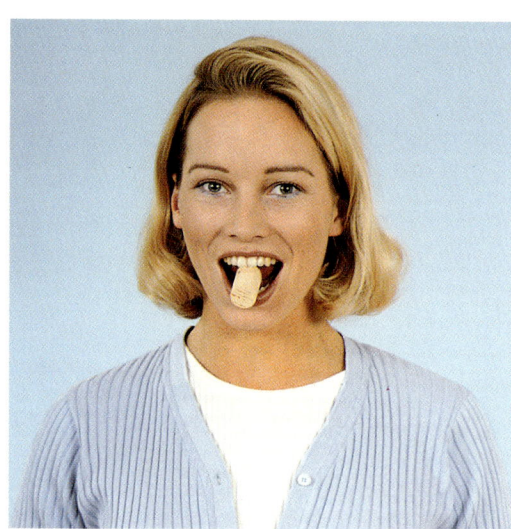

● Nun nehmen Sie den Korken zwischen die Zähne und lesen den Text mehrmals langsam. Bemühen Sie sich, möglichst deutlich zu sprechen. Drehen Sie den Korken beim Sprechen immer wieder, um sicherzustellen, daß Sie die Zähne nicht zu fest zusammenbeißen.

● Nachdem Sie den Text zwei- bis dreimal gelesen haben, legen Sie den Korken beiseite und sprechen den Text nun noch einmal ohne Korken. Hören Sie genau auf Ihre Aussprache, ob Sie nun deutlicher und bewußter geworden ist.

■ Sie bemerken wahrscheinlich, daß die Bewegung Ihrer Kiefergelenke nach dem Korkensprechen leichter und lockerer abläuft als vorher.

Versuchen Sie auf jeden Fall, die beim Korkensprechen erworbenen deutlicheren Artikulationsbewegungen dann in die Alltagssprache übernehmen – so wird wird Ihre Artikulation wesentlich bewußter, deutlicher und genauer.

Achten Sie immer darauf, daß Sie langsam sprechen, ausreichend Pausen in Ihren Vortrag einbauen, Ihre Sprechmelodie abwechslungsreich gestalten und beim Sprechen Akzente setzen. Auf diese Weise erhöhen

Den Korken locker zwischen den Zähnen halten.

▶ Besorgen Sie sich einen echten Korken, also keinen aus Plastik oder Gummi, da diese zu hart sind und dem Zahndruck nicht nachgeben.

● Stecken Sie nun den Korken wenige Millimeter zwischen Ihre Vorderzähne. Achten Sie darauf, daß er nicht zu weit in den Mund ragt, da er sonst Ihre Zungenbeweglichkeit beeinträchtigt.
Halten Sie den Korken nur so locker zwischen Ihren Zähnen, daß er nicht herunterfällt. Zu viel Druck üben Sie aus, wenn Sie den Korken nicht mehr drehen können.

● Suchen Sie sich einen nicht zu langen Text (50–100 Wörter) und lesen Sie diesen zunächst einmal ohne Korken laut vor.

Ausreichend Pausen einlegen

Inhaltliche Schwerpunkte hervorheben

Sie Ihre Verständlichkeit sowie die Freude Ihrer Gesprächspartner am Zuhören. Zusätzlich machen Sie auf Ihre inhaltlichen Schwerpunkte aufmerksam.

Weitere Artikulationsübungen

Die folgenden Übungen zur Verbesserung der Artikulation fördern vor allem die Deutlichkeit Ihres Sprechausdrucks.

▶ Beginnen Sie mit den Vokalen. Wählen Sie ähnliche Wörter mit unterschiedlichen Vokalen und sprechen Sie langsam und deutlich mit weit ausholenden Kiefer-, Zungen- und Lippenbewegungen: »haben – heben – Hiebe – Hupe – Hof – Höhle – Hafer ...«.

● Üben Sie dann mit entsprechenden Wortreihen auch die Konsonanten.

■ Wenn Sie die Konsonanten trainieren, können Sie mehrere Fliegen mit einer Klappe schlagen: Bei vorne gebildeten Konsonanten (m, n, w ...) üben Sie nicht nur die Artikulation, sondern Sie fördern auch die Stimmresonanz (siehe Resonanzübung, Seite 61).

Einfluß auf die Persönlichkeit

Ein sicherer, weicher Stimmeinsatz und eine klare Artikulation bringen, ähnlich wie eine kraftvolle Stimme, die Sicherheit und Überzeugungskraft des Sprechers deutlich zum Ausdruck. Sie zeigen damit, daß Sie sich Ihrer Sache sicher sind und daß Sie zu dem stehen, was Sie sagen.
Im Gegensatz dazu vermittelt eine undeutliche Sprache, daß Sie sich nicht trauen, Ihre Meinung zu sagen, daß Sie »in Ihren Bart nuscheln«, weil Sie selber nicht wissen, ob Ihre Ansicht nun eigentlich richtig ist oder nicht.
Eine gute Artikulation sowie ein sicherer Stimmeinsatz entlasten also nicht nur Ihre Stimme, sondern signalisieren Ihrer Umwelt auch, daß Sie nicht nur beim Sprechen über Sicherheit und Persönlichkeit verfügen.

Sicheres Auftreten und Überzeugungskraft

Ganzheitliches Sprechen

Ganzheitliches Sprechen bedeutet, eine Übereinstimmung von Körperbewegung, Atmung und Sprechen zu erreichen. Das gelingt mit Hilfe von Schwingübungen. Die folgenden Übungen bilden eine Grundlage der Stimmtherapie bei der Behandlung organischer und funktioneller Stimmstörungen.

Ausatmen = Vorwärtsschwingen.

Schwingübungen

▶ Stellen Sie sich locker hin, achten Sie darauf, daß Sie Ihre Knie nicht nach hinten durchdrücken und daß Sie kein Hohlkreuz bilden. Richten Sie Ihr Becken etwas auf, halten Sie den Rücken gerade und nehmen Sie die Schultern leicht zurück. Die Füße müssen nicht parallel stehen, Sie können auch eine leichte Schrittstellung einnehmen.

● Beginnen Sie, langsam und leicht vor- und rückwärts zu schwingen. Sie können dabei die Fersen beziehungsweise die Fußspitzen leicht vom Boden abheben und locker in den Knien nachgeben. Beginnen Sie leicht und steigern Sie dann. Lassen Sie Ihre Arme schwingen.

● Schließen Sie die Augen und konzentrieren Sie sich darauf, wie Sie atmen.

● Bemühen Sie sich folgenden Atemrhythmus einhalten:

Einatmen = rückwärtsschwingen;
Ausatmen = vorwärtsschwingen.

● Um diese Grundübung richtig zu genießen, stellen Sie sich vor, Sie stehen an einem Strand: Leichter Wind streicht um Ihre Beine und kühlt Ihr von der Sonne erwärmtes

Gesicht. Sie hören, wie die Wellen leise auf den Strand auflaufen und sich dann wieder ins Meer zurückziehen. Atmen und schwingen Sie im Rhythmus der Wellen.

■ Diese Übung kann ein unerschöpflicher Quell der Ruhe und Entspannung sein, fast so wie das Autogene Training.

Ruhe und Entspannung

Im weiteren Verlauf soll nun mit dem Schwingen und der Ausatmung auch die Stimmgebung verbunden werden, so daß hieraus ein ganzkörperlichen Vorgang entsteht.

▶ Schwingen Sie leicht in Ihrem Rhythmus.
● Bilden Sie beim Vorwärtsschwingen und gleichzeitigen Ausatmen Summtöne. Nehmen Sie hierfür Konsonanten wie zum Beispiel /w/, /m/, /n/ und lassen sie diese lange ertönen: /mmmmmm/.
● Schwingen Sie rückwärts und atmen Sie dabei wieder ein.
● Wiederholen Sie den Wechsel von Vorwärtsschwingen und Ausatmen mit Summton, dann Rückwärtsschwingen und Einatmen mehrere Male.
● Verändern Sie nun Ihre Stimmelodie: fragend /mmm?/ oder sehr bestimmt /mmm!!!/, vielleicht auch bejahend /mhm/

oder zaghaft /mh/ oder auch sehr genießerisch /mmmmh/. Gehen Sie auch dabei verschiedene Konsonanten wechselweise durch.
● Benutzen Sie im nächsten Schritt sinntragende, kurze Wörter, wie zum Beispiel »ja«, »nein«, »nie« oder »so«. Auch diese Wörter erhalten unterschiedliche Bedeutung, wenn Sie sie verschieden betonen. Nehmen Sie als weitere Steigerung längere Wörter und Wortkombinationen hinzu.

Unterschiedliche emotionale Aussagen

▶ Versuchen Sie, beim Schwingen kurze, prägnante Wörter nacheinander mit unterschiedlichen emotionalen Betonungen auszusprechen.
● Mit »Guten Morgen« können Sie zum Beispiel einen lieben Freund begrüßen, aber auch den über Ihnen wohnenden Hausnachbarn, der Sie die halbe Nacht hindurch mit Rockmusik beschallt hat.
● Ein »Schönes Wetter heute, nicht?« kann der Beginn einer herzlichen Unterhaltung oder eine beiläufige Bemerkung im Supermarkt sein.
● »Wie geht es Ihnen?« kann eine ernst gemeinte Frage oder eine höfliche Floskel sein.
● »Oh, wie schön!« kann deutliche Begeisterung, Heuchelei oder Ironie ausdrücken.

▶ Sie können die ganzheitliche Übung noch weiter steigern, indem sie ein und dieselbe Ausage emotional völlig unterschiedlich belegen.

1 Stellen Sie sich vor, Sie treffen nach langer Zeit einen Freund oder eine Freundin aus Kindheitstagen wieder. Sie freuen sich über alle Maße und Sie bringen diese Freude natürlich auch sprachlich sowie stimmlich zum Ausdruck.

Freude und Begeisterung

▶ Die Äußerungen der Freude und Begeisterung leben Sie nun bitte in den Phasen des Vorwärtsschwingens und Ausatmens so wirklichkeitsgetreu wie möglich aus.
● Suchen Sie sich die Worte der Begrüßung, die Ihnen am passendsten erscheinen.
● Sie können diese Freude durch ein Vorwärtsstrecken der Arme unterstreichen.

2 Die entgegengesetzte Situation könnte wie folgt aussehen: Auch hier treffen Sie einen alten Mitschüler, diesmal aber ausgerechnet einen, den Sie noch nie besonders leiden konnten. Ihr Mitschüler kommt mit breitem Lächeln auf Sie zu und erwartet von Ihnen eine ebenso gute Miene zu bekannt bösem Spiel.

Da Sie gut erzogen sind, gehen Sie auf diese höfliche Geste ein und begrüßen Ihren Bekannten höflich, aber distanziert.

Höfliche Distanz

● Natürlich wird Ihre Stimme jetzt anders klingen, Sie werden andere Worte finden. Und auch Ihre Gestik findet Mittel und Wege, Ihrer »Begeisterung« Ausdruck zu verleihen.
● Vielleicht fällt es Ihnen sogar schwer, bei dieser Szene im Vorwärtsschwingen zu sprechen, weil Sie eigentlich viel eher das Bedürfnis haben, einen Schritt zurück zu machen.

3 Proben Sie bitte beide Situationen mit den dazugehörigen sprachlichen und stimmlichen, aber auch körpersprachlichen Ausdrucksmitteln mehrmals, und beobachten Sie, wie Sie Ihre Stimme mit der ganzkörperlichen Bewegung in Einklang bringen. Als weitere Steigerung können Sie nun dazu übergehen, das Tempo Ihres Schwingens zu verändern.

▶ Schwingen Sie bewußt schneller oder langsamer und passen Sie Ihre Atmung an: Atmen Sie weiterhin beim Vorwärtsschwingen aus und beim Rückwärtsschwingen ein.

Schwingen und Atmen

● Vielleicht fällt Ihnen der Tempowechsel leichter, wenn

Sie auch hier Vorstellungen damit verbinden. Denken Sie zum Beispiel an Ihren letzten Waldspaziergang oder an einen hektischen vorweihnachtlichen Einkaufsrausch.

● Wenn Sie nun schneller schwingen, legen Sie sich etwas längere Sätze zurecht, die Sie sich beim Vorwärtsschwingen aufsagen. Sie können natürlich auch ein kleineres Gedicht oder Zungenbrecher vor sich hersagen. Wechseln Sie immer

Bitte beachten Sie

Diese Übungen sind für alle Artikulationsmuskeln sehr anstrengend. Schließen Sie die Trainingsreihe deshalb immer mit Lockerungsübungen ab, zum Beispiel mit Summen als vorletzter und lautlosem Schwingen als letzter Einheit.

Die Artikulationsmuskeln lockern!

wieder zwischen schnellem und langsamem Tempo.

Christian Morgenstern »Der Schnupfen«

Vorwärtsschwingen	Rückwärtsschwingen
»Ein Schnupfen hockt auf der Terrasse,	einatmen
auf daß er sich ein Opfer fasse,	einatmen
und stürzt alsbald mit großem Grimm	einatmen
auf einen Menschen namens Schrimm.	einatmen
Paul Schrimm erwidert prompt: »Pitschü!«	einatmen
und hat ihn drauf bis Montag früh.«	einatmen
»Blaukraut bleibt Blaukraut	einatmen
und Brautkleid bleibt Brautkleid«	ausatmen

Einfluß auf die Persönlichkeit

Die Schwingübung soll Ihnen helfen, Ihre Stimme, Ihr Sprechen und Ihren Körper, seine Bewegungen und Gesten in Harmonie, in Übereinstimmung zu bringen – man könnte auch sagen, das Sprechen soll in ganzkörperlicher Ehrlichkeit vollzogen werden.

Die Stimme sollten Sie nie als Maske für Lügen mißbrauchen, denn man wird Sie fast immer beim »Schauspielern« ertappen! Sie wird brüchig, hoch oder resonanzarm und entlarvt derartige Unehrlichkeiten schon nach kurzer Zeit. Ein aufmerksamer Zuhörer erkennt diese »Miß-Stimmungen« durchaus. Es ist also wichtig, daß Sie mit Ihrer Stimme und Sprache zum Ausdruck bringen können, was Sie wirklich sagen möchten.

Die Stimme kann nicht lügen!

Selbst wenn das für einen Gesprächspartner im Moment vielleicht nicht so angenehm ist, so werden Sie damit auf jeden Fall am meisten Eindruck hinterlassen: Besser Sie sagen mit »starker Stimme« Ihre Meinung und »stehen« zu dieser, als daß Sie mit »gequälter Stimme« etwas sagen, was Ihnen kaum jemand glaubt. Ehrlichkeit ist wichtig für die Gesunderhaltung von Körper, Geist und Stimme, und nur wenn wir diese Ehrlichkeit erreichen – sagen, was wir meinen, hinter dem stehen, was wir sagen – können wir unsere Gesprächspartner überzeugen. Und nur so sind wir auch mit und in uns »stimmig«.

Üben im Alltag

Tägliche Stimmhygiene

Stimmhygiene hat selbstverständlich nichts mit Waschlappen und Seife zu tun, sondern vielmehr mit grundsätzlichen, alltäglichen Maßnahmen, die Sie für die Gesunderhaltung Ihres Stimmapparates beachten sollten.

Giftstoffe meiden! ▶ Halten Sie Giftstoffe von Ihrem Körper fern. In bezug auf die Stimmorgane sind dies vor allem Zigaretten und andere Tabakprodukte sowie stark belastete Luft oder Dämpfe.

Heißes, Kaltes, Scharfes meiden! ● Vermeiden Sie, besonders bei Erkrankungen der Stimmorgane, sehr heiße, sehr kalte und scharf gewürzte Speisen und Getränke.

● Essen Sie vor jeglichen Sprechanstrengungen möglichst wenig, denn hier gilt: »Ein voller Bauch parliert nicht gern«.

Beobachten Sie auch, ob Ihnen das Sprechen nach dem Trinken von Kaffee oder schwarzem Tee schwerer fällt als zuvor. Beide Getränke weiten die Blutgefäße und können so die Durchblutung im Hals für die Stimmgebung negativ beeinflussen. Überlegen Sie sich also im Einzelfall, ob Sie vor anstrengenden Sprechsituationen nicht besser auf den gewohnten Tee oder Kaffee verzichten.

Nicht flüstern ● Vermeiden Sie Flüstern – besonders bei Stimmerkrankungen. Flüstern stellt keine Schonstimme dar!!! (Siehe auch Seite 19).

● Beobachten Sie sich selbst und behandeln Sie leichte Beeinträchtigungen so frühzeitig wie möglich.

● Suchen Sie bei Beeinträchtigungen oder Erkrankungen der Stimme, die länger als zwei Wochen dauern, unbedingt einen Facharzt auf.

Wichtig: Zum Therapeuten gehen! ● Suchen Sie bei einer ständig gegebenen Funktionsstörung der Stimme einen Logopäden oder Sprachheilpädagogen auf. Eine solch ernsthafte Erkrankung kann man nicht alleine behandeln. Nur ein ausgebildeter Sprech- und Stimmtherapeut kann hier die richtigen Übungen auswählen und deren korrekte Anwendung und Durchführung gewährleisten.

● Lieben Sie Ihre Stimme und nehmen Sie sie an als einmaligen, wundervollen Teil Ihrer Person und Persönlichkeit.

■ Belügen Sie sich nicht selbst und benutzen Sie Ihre Stimme nicht als »Stimmungsversteck«. Ihre Stimme bietet Ihnen einzigartige Möglichkeiten, mit anderen Menschen in Kontakt zu treten, Ihre Wünsche, Hoffnungen, Ängste und Emotionen auszudrücken. Die Stimme ist **Stimme und** ein Spiegel Ihrer Stimmungen **Stimmung** und Ihres Wohlbefindens. Denken Sie daran: Nur wenn Sie sich in Ihrer Haut wohlfühlen, ist auch Ihre Stimme im Lot.

Tägliches Stimmtraining

Im einleitenden Kapitel dieses Buches wurde das Training der Stimme mit den Vorbereitungen zu einem Marathon verglichen. Ebenso regelmäßig, wie die Laufmuskulatur und die Kondition angeregt werden müssen, sollte auch die Arbeit mit und an der Stimme gestaltet werden. Nur so kann man einmal Erreichtes bewahren und ausbauen. So, wie Sie vielleicht ein Laufprogramm von 5 oder 10 km täglich absolvieren würden, so sollten Sie sich auch eine feste »Stimmstrecke«

zusammenstellen, deren tägliche Bewältigung die Stimmkondition sicherstellt.

1 Treffen Sie für sich eine Auswahl an wichtigen Basisübungen: Atem-, Lockerungs- und Entspannungsübungen, darüber hinaus Übungen zur Stimmkräftigung, Stimmelodie oder Artikulation, gemäß Ihrem individuellen Trainingsziel.
● Üben Sie lieber kurz und oft, zum Beispiel 3 x täglich 5 Minuten, statt einmal lange.
● Wer in seinem Beruf sehr viel und konzentriert sprechen muß, sollte sich überlegen, die Progressive Muskelentspannung (Seite 37) täglich oder mehrmals wöchentlich durchzuführen, um Verspannungen vorzubeugen oder zu beseitigen.

2 Grundsätzlich muß natürlich jeder selbst entscheiden, welche Übungen er für sich selbst und seine individuelle Arbeit an der Stimme vorzieht oder für besonders wichtig hält. Dennoch kann man aus stimmtherapeutischer Sicht einige Übungen für ein tägliches Programm besonders empfehlen. Die folgenden Übungsmodelle zeigen Ihnen mögliche Kombinationen für ein regelmäßiges oder auch tägliches Stimmtraining auf.

Tägliches Übungsprogramm

Zweck der Übung	*Beispielübungen*
Entspannung	1. Ausatemverlängerung Gerade hinsetzen – normal einatmen – auf der Ausatmung ein langes »f« oder »s« oder »sch« sprechen und mit dem Arm begleitend »lang-ziehen« (Seite 32) 2. Lockerung von Wangen: Kieferschütteln, Ausstreichen (Seite 42) Lippen: Die Lippen 10 Sekunden aufeinander-pressen, dann locker lassen (Seite 43) Zunge: Die Zunge nach vorne, nach rechts, nach links, nach oben und nach unten aus dem Mund strecken und wieder einziehen; langsam beginnen, dann schneller werden (Seite 44) 3. 2–3mal seufzen oder lachen (Seite 46/47)
Stimmkräftigung	1. Atemwurf (Seite 53): hoo – hoft, hoo – hopt, hoo – hokt, hoo – holt, hoo – homt, hoo – hont, hoo – host, ... huu – huft, huu – hupt, huu – hukt, ... haa – haft, haa – hapt, haa – hakt, ... 2. Akzentmethode (Seite 71): u – U – u, U – U – u – u, u – U U – u, ... 3. Sirenenübung (Seite 58)
Indifferenzlage/ Resonanz	1. Summübung (Seite 62): mmmom, mmmam, mmmem, mmmum, mmmim, mmmeum, ... nnnon, nnnan, nnnen, nnnun, nnnin, nnneun,... lllol, lllal, lllel, lllul, lllil, llleul, ... wwwow, wwwaw, wwwew, wwwuw, wwwiw, wwweuw, ... 2. Kauübung (Seite 59): mjam, mjom, mjem, mjum, mjeum, njam, njom, njem, njum, njeum, ...
Abschluß/ Entspannung	1. Summübung (Seite 62): mmmmm, nnnnnn, llllll, ... 2. Kieferausstreichen (Seite 42) 3. Wangen aufblasen und wieder loslassen (Seite 73) 4. Gähnen mit geschlossenen Lippen (Seite 53)

Wann und für wen ist tägliches Üben angebracht?

Rechtzeitig üben!

Beobachten Sie sich und Ihre Stimme. Je früher Sie erkennen, daß Sie zum Beispiel unter Verspannungen leiden, desto eher können Sie gezielte Übungen zur Entspannung der Stimmlippen einleiten. Dadurch verhindern Sie, daß es zu einer ernsthaften Verhärtung des Stimmeinsatzes kommt.

● »Horchen« Sie am Ende eines anstrengenden Sprechtages in Ihren Hals hinein. Beginnen Sie möglichst unmittelbar, vielleicht schon auf dem Weg nach Hause, mit Entspannungsübungen, so daß Sie die Verspannungen erst gar nicht mit in den Nachmittag oder Abend nehmen.

● Seien Sie aufmerksam und lernen Sie Ihren Körper und seine Reaktionen nach und nach genau kennen. Dann wird es Ihnen auch nach starken Anforderungen gelingen, spontan für neues Wohlbefinden zu sorgen.

Die auf Seite 85 angeführten Übungskombinationen sind Vorschläge, welche Übungen besonders gut zueinander passen beziehungsweise aufeinander aufbauen. Sie sind aber nicht verbindlich, so daß die eine oder andere Übung natürlich gegen eine andere Übung aus diesem Bereich ausgetauscht werden kann. Sie sind, gleich einem Wanderstab, ein Hilfsmittel auf dem manchmal steinigen und mühsamen Pfad zur gesunden Stimme. Die letzte Entscheidung zu einer leistungsfähigen, annehmbaren und angenommenen Stimme muß aber immer aus Ihrem Innern kommen – aus der Kraft, sich wohlzufühlen, mit sich im reinen oder einfach »stimmig« zu sein.

Wohlbefinden gibt Kraft

Vorbereitung einer Rede

Hierfür gibt es eine Reihe von Ratschlägen, die sich nicht nur auf Ihre Stimme, sondern auch darauf beziehen, wie Sie die Zeit des nervösen Wartens etwas verkürzen und gleichzeitig sinnvoll nutzen können.

1 Passen Sie Ihre Rede der vorgegebenen Zeit an. Stellen Sie sich vor, Sie werden zum Beispiel vom Elternbeirat der Schule, in der Ihre Kinder sind, oder am Arbeitsplatz oder vom Vorsitzenden Ihres Sportvereins gebeten, zur nächsten Sitzung Ihre Meinung zu einem wichtigen Thema darzulegen. Sie haben dafür etwa 10 Minuten zur Verfügung.

Zeitrahmen abstecken

2 Überlegen Sie, was Sie sagen wollen. Denken Sie daran, daß Ihre Redezeit begrenzt ist. Oftmals zeigt es sich, daß es gar nicht so einfach ist, sich zeitlich, das heißt auch inhaltlich zu beschränken.
Notieren Sie zunächst einige Stichpunkte und überlegen Sie, wieviel Bedeutung und somit auch Zeit Sie jedem dieser Punkte beimessen wollen. Gliedern Sie diese dann und vermerken Sie zu jedem wich-

Akzente setzen

tige Fakten und/oder eigene Vorstellungen. Beginnen Sie nun, Ihre Rede zu schreiben.

3 Üben Sie Ihren Vortrag mehrmals – am besten vor einem Spiegel. Sie freuen sich natürlich einerseits sehr, andererseits stellt sich jedoch auch schon bald ein Ziehen oder Kribbeln in der Magengrube ein. Dieses macht Ihnen deutlich, daß Ihnen die Routine noch etwas fehlt, was völlig normal ist. Denn ganz abgesehen davon, daß es den meisten anderen Menschen an Ihrer Stelle ebenso ginge, kann diese Nervosität Sie zudem zu echten Höchstleistungen beflügeln. Denn Ihr Körper produziert durch diese Nervosität vermehrt das Hor-

Mit Gestik und Mimik die Rede gezielt unterstützen.

Adrenalin wirkt hier positiv mon Adrenalin, das uns in größte Aufmerksamkeit und Leistungsfähigkeit versetzt.

4 Als nächsten Schritt erstellen Sie sich einen Plan, was Sie zur weiteren Vorbereitung Ihrer Rede noch alles tun müssen. Die Erfahrung hat gezeigt, daß schriftliche Pläne in mehrfacher Hinsicht sehr hilfreich **Schriftliche** sind. Einerseits wissen Sie jederzeit ohne große Überlegung, **hilfreich** was noch zu tun ist, anderer-

seits können Sie erledigte Arbeiten mit dem Gefühl großer Befriedigung abhaken und äußerlich wie innerlich sozusagen »zu den Akten« legen. Dieses Verfahren erleichtert also Ihre Arbeitsorganisation und beruhigt zudem Ihre Nerven! Die folgende Tabelle zeigt Ihnen, wie so ein Plan aussehen könnte. Natürlich müssen Sie diesen »Musterplan« je nach Anlaß und persönlichen Wünschen abändern.

Wann?	*Was?*

So früh wie möglich	1) Rede schriftlich fixieren
	2) Selber auf Tonband sprechen
	3) Im Text wichtige Passagen kennzeichnen
	4) Atempausen eintragen
	5) Den bearbeiteten Text mehrmals laut vortragen
	  a) Bekannten (Außenkontrolle)
	  b) Mittels eines Tonbandes sich selbst (Eigenkontrolle)
	6) Soweit möglich: Besichtigung des Vortragsraumes / erforderliche Lautstärke testen

Am Tag vorher	1) Rede nur noch 1- bis 2mal durchgehen (nicht zu oft !!!) 2) Möglichst keinen Alkohol, kein Nikotin und kein schweres Essen zu sich nehmen 3) Bewegen Sie sich an frischer Luft, bemühen Sie sich, den Kopf frei zu bekommen, lenken Sie sich ab 4) Sorgen Sie für ausreichenden Schlaf

Wann?	Was?
Am Tag des Geschehens	1) Ausreichend früh aufstehen, um jede Hektik zu vermeiden 2) Das eigene Äußere zur eigenen Zufriedenheit gestalten; Sie müssen sich in Ihrer Haut wohlfühlen! 3) Möglichst auf die »Beruhigungszigarette« verzichten 4) Mit den technischen Verhältnissen (Mikrofon ...) vertraut machen
In der Stunde davor	1) Rede kurz durchgehen, gekennzeichnete Stellen wiederholen 2) Möglichst frei bewegen, ablenken, nicht wie das Kaninchen auf die Schlange auf Ihren Auftritt warten, steigern Sie sich nicht in die Nervosität hinein !
Unmittelbar vorher	1) Rede griffbereit zurechtlegen 2) Publikum ansehen, Blickkontakt während der Rede aufrechterhalten, nicht nur auf den Text starren, Zuhörer persönlich ansprechen, soweit möglich, auch lächeln 3) Die eigenen Zeichen im Redetext beachten

Gestaltung des Sprechvortrags

Die nächsten Punkte beziehen sich vor allem auf die Gestaltung Ihres Sprechvortrags. Sie zielen auf eine für den Sprechenden wenig belastende sowie für die Zuhörer gut verständliche Sprechweise ab:

Locker werden und bleiben

1 Sorgen Sie für innere Ruhe und Gelassenheit.
- Bereiten Sie einen anstrengenden Sprechvorgang mit Entspannungsübungen oder auch einer Massage vor.
- Nehmen Sie die richtige Körperhaltung (Seite 24) ein, wenn Sie lange und konzentriert sprechen müssen.
- Beachten Sie die Atemmittellage (Seite 32)! Atmen Sie vor dem jeweiligen Sprechabschnitt nicht zu tief ein.
- Nutzen Sie für die Sprecheinsätze jeweils den Ruhepunkt am Ende der Ausatmung.

Langsam sprechen

2 Vermeiden Sie ganzkörperliche oder stimmliche Verspannungen.
- Beißen Sie die Zähne nicht aufeinander und pressen Sie die Zunge nicht gegen den Gaumen.
- Sprechen Sie auf keinen Fall hastig oder schnell.

- Bauen Sie ausreichend Pausen in Ihren Vortrag ein.
- Nutzen Sie die Pausen, die Ihnen Ihr Atemrhythmus vorgibt, zu einer gedanklichen Vorbereitung auf den nächsten Sprechabschnitt.

Pausen einlegen

3 Sprechen Sie nicht zu leise, aber auch nicht zu laut.
- Richten Sie Ihre Lautstärke nach der Raumgröße und der Zuhörerzahl.
- Nutzen Sie Ihre Resonanzräume möglichst vollständig aus (Seite 32).
- Artikulieren Sie klar und deutlich (Seite 77).
- Wollen Sie Ihre Stimme kurzfristig und sehr laut erheben, dann nutzen Sie den Atemwurf (Seite 53).

Die Lautstärke der Aussage anpassen

4 Beachten Sie Ihre Sprechstimmlage.
- Kehren Sie während des Vortrages immer wieder in Ihre eigentliche Sprechstimmlage zurück.
- Achten Sie auf eine Tiefstellung und lockere Federung des Kehlkopfes.
- Denken Sie einen weichen Stimmein- und -absatz.
- Gestalten Sie Ihre Sprechmelodie abwechslungsreich und unterstützen Sie die Melodieführung Ihrer Stimme durch Ihre Gestik und Mimik.

Sprechmelodie, Mimik und Gestik

Ausklang

Sie haben nun einen »Trimm-pfad« für Ihre Stimme hinter sich gebracht, der es mit jedem Fitneßprogramm aufnehmen kann! Doch Sie haben damit nicht nur Ihrer Stimme etwas Gutes getan, sondern gleichzeitig an Ihrem persönlichen Ausdruck und einer besseren Ausprägung Ihrer Persönlichkeit gearbeitet. Sie haben Ihren Körper gelockert, entspannt und in harmonischen Gleichklang mit Ihren Stimmungen gebracht. Sie haben Ihr Stimmorgan von Verspannungen befreit, gekräftigt und seine vielseitigen Einsatzmöglichkeiten kennengelernt. Und nicht zuletzt haben Sie dabei auch über sich selbst einiges erfahren.

Die Arbeit mit und an der Stimme hat immer auch etwas damit zu tun, in sich hineinzuhorchen, über sich selbst nachzudenken, seine körperlichen und geistigen Reaktionen wahrzunehmen und vielleicht vorherzusagen. Wenn Sie sich diese Grundhaltung – nämlich die Neugierde auf sich selbst – aneignen und erhalten, dann werden Sie sich mit der Zeit ein ganzes Stück näher kommen. Sie werden sich selbst, Ihren Körper und Ihr momentanes Befinden über Ihre Stimme wahrnehmen und lernen, das Wahrgenommene einzuschätzen.

Vor allem aber werden Sie auch Ihre Mitmenschen besser kennenlernen. Sie werden einschätzen können, ob sich Ihr Gegenüber wohlfühlt oder ob er sich lieber ins nächste Mauseloch retten würde, ob er eine Diskussion genießt oder nur noch aus Höflichkeit bei der Sache bleibt. Vielleicht werden Sie sich sogar so ein geschultes Ohr zulegen, daß Sie irgendwann einmal feststellen, daß Ihr Chef nur äußerlich selbstsicher auftritt, in Wirklichkeit aber ein rechter Angsthase ist.

Sie werden lernen, Ihre Mitmenschen mit anderen Augen zu betrachten – eigentlich wäre es richtiger zu sagen, mit anderen Ohren zu hören.

Die Stimme ist wie eine Tür mit einem Eingang zu uns selbst und zu unseren Mitmenschen. Alles was wir brauchen, ist die Bereitschaft hinzuhören und in uns selbst hineinzuhorchen. Dann werden sich uns geheimnisvolle und spannende Räume erschließen. Bei dieser Suche wünsche ich Ihnen Offenheit, Ehrlichkeit und vielleicht auch ein bißchen Sendungsbewußtsein, damit auch Ihre Mitmenschen von Ihren Erkenntnissen profitieren können.

Zum Nachschlagen

Bücher, die weiterhelfen

Becker, Walter, Naumann, Hans-Heinz, Pfaltz, Karl Rudolf, *Hals-Nasen-Ohren-heilkunde*; Thieme Verlag, Stuttgart

Brügge, Walburga, Mohs, Katharina, *Theorie funktioneller Stimmstörungen*; Ernst Reinhardt Verlag, München

Cardas, Elena, *Atmen – Lebenskraft befreien*; Gräfe und Unzer Verlag, München

Coblenzer, Horst, Muhar, Franz, *Atem und Stimme*; Österreichischer Bundesverlag, Wien

Faller, Rolf, *Autogenes Training*; Falken Verlag, Niedernhausen

Fernau-Horn, Helene, *Zur Übungsbehandlung funktioneller Stimmstörungen*; in: Folia Phoniatrica 6, S. 239–245, 1954

Gundermann, Horst, *Die Behandlung der gestörten Sprechstimme*; Gustaf Fischer Verlag, Stuttgart

Gundermann, Horst, *Heiserkeit und Stimmschwäche*; Gustav Fischer Verlag, Stuttgart

Gundermann, Horst (Hg.), *Die Krankheit der Stimme – die Stimme der Krankheit*; Gustav Fischer Verlag, Stuttgart

Gundermann, Horst, *Phänomen Stimme*; Ernst Reinhardt Verlag, München

Grohnfeldt, Manfred (Hg.), *Stimmstörungen*; Edition Marhold, Berlin

Habermann, Günther, *Stimme und Mensch*; Median Verlag,

Johnen, Wilhelm, *Muskelentspannung nach Jakobson*; Gräfe und Unzer Verlag, München

Langen, Prof. Dr. med. Dietrich, *Autogenes Training*; Gräfe und Unzer Verlag, München

Miethe, Erhardt, Hermann-Röttgen, Marion, *Wenn die Stimme nicht stimmt*; Georg Thieme Verlag, Stuttgart

Reusch, Fritz, *Der kleine Hey, Die Kunst des Sprechens*; Schott Verlag, Mainz

Stengel, Ingeburg, Strauch, Theo, *Stimme und Person*; Klett-Cotta, Stuttgart

Triebel-Thome, Anna, *Feldenkrais. Bewegung – ein Weg zum Selbst*; Gräfe und Unzer Verlag, München

Würth, Günter, *Stimmstörungen*; Deutscher Ärzte Verlag, Köln

Adressen, die weiterhelfen

Deutschland

Örtliche Volkshochschulen

Örtliche Weiterbildungswerke

Gesundheitsämter, die Adressen vermitteln können

HNO-Ärzte, die kompetente Stimmtherapeuten empfchlen beziehungsweise eine Behandlung verschreiben können

Deutscher Bundesverband für Logopädie, Augustinusstraße 9b 50226 Frechen 4

Berufsverband der Atem-Sprech- und Stimmlehrer – Lehrvereinigung Schlaffhorst-Anderson e.V.
Beim Stillingstift 10
22589 Hamburg

Psychologischer Arbeitskreis für Autogenes Training und Progressive Relaxation
Koogstraße 96
25541 Brunsbüttel

Österreich

Progressive Muskelrelaxation
Friedrich-Kaiser-Gasse 94
A-1160 Wien

Schweiz

Schweizerische Gesellschaft für Autogenes Training
Könizbergstraße 1
Ch-3097 Liebefeld

Team Selbsthilfe
Wilfriedstraße 7
CH-8032 Zürich

Sachregister

Mein tiefempfundener Dank gilt ganz besonders meinen Eltern, die mir in jeder Phase meiner Arbeit liebevoll zur Seite gestanden haben. Darüber hinaus möchte ich sehr herzlich Herrn Professor Dr. Grohnfeldt danken, dessen Rat und hilfsbereite Unterstützung die Entwicklung dieses Buches begleitet haben.

Impressum

© 1997 Gräfe und Unzer Verlag GmbH, München
Alle Rechte vorbehalten. Nachdruck, auch auszugsweise, sowie Verbreitung durch Film, Funk und Fernsehen, durch fotomechanische Wiedergabe, Tonträger und Datenverarbeitungssysteme jeder Art nur mit schriftlicher Genehmigung des Verlages.

Redaktion: Gabriele Hopf
Lektorat: Dr. Carla Meyer
Illustrationen: Martin Scharf
Fotoproduktion: Susanne Kracke
weitere Fotos: Titel: Jalag/Anna Macke; Seite 6/7 Mauritius; Seite 31: Reiner Schmitz; Seite 87: Mauritius; Umschlagrückseite: Tony Stone/Frank Herholdt

Layout und Umschlaggestaltung: Heinz Kraxenberger
Gesamtherstellung: BuchHaus Gigler GmbH
Lithos: Fotolito Longo, I-Frangart
Druck und Bindung: Appl, Wemding

ISBN 3-7742-3574-0

Auflage	4.	3.	2.	1.
Jahr	2000	99	98	97